ストアカ　LINE　インスタ

集客で売れる
オンライン講師になる方法

いむ先生 著

セルバ出版

はじめに

「オンライン講座をはじめたい」

「売れる講師になりたい」

「SNSでの集客、ファンづくりができるようになりたい」

こんな想いを持っていませんか？


わたしは、高校中退後、19歳でボクサーになり、20歳でプロデビューを実現。ボクサーをしながら学校に通い、22歳のときに、首席で理学療法士の資格を取得しました。それからは、病院に勤務しながらボクサーとしても活動し、理学療法士としてのキャリアを磨くべく、カナダへ留学。留学先でも、ボクサーとして試合をこなす生活をしていました。

帰国後は、対面でのパーソナルトレーニングジムを開業し、順調に経営していたのですが、２０２０年のコロナを機に、状況が一変。対面のお客様の集客が難しくなり、新たな道を模索しなければいけなくなりました。

それからは、すぐにオンラインでの講座やトレーニング指導に切り替え、２０２０年の10月にオンライン上で講師活動ができる「ストアカ」というプラットフォームで、講師活動を開始。ＳＮＳ

での集客と、ストアカでの講師活動とで、一気に経営をV字回復させることができたのです。

現在は、オンラインでのパーソナルトレーニングも続けながら、自身の成功体験を生かして、オンラインでの講師活動を軌道に乗せたい人や、SNSでファンづくり、集客、ブランディングを叶えたい起業家に向けて、講座やコンサルティングを実施しています。

本書では、わたし自身が、ほぼ1人で年間数千万円の売上を上げられるようになった手法を、大切なところを中心に解説しています。

まず本書で紹介するポイントを心がけていただければ、結果が出てくるはずです。

これから、オンライン講師として売れっ子になりたい方、SNSを使った集客に力を入れていきたい方は、ぜひ実践していただければ幸いです。

あなたも、一緒にストアカやSNSを使って、売れっ子講師になりませんか？

2023年3月

いむ先生

ストアカ、LINE、インスタ集客で売れるオンライン講師になる方法　目次

第3章　フロント講座を開催しよう

第6章　ＬＩＮＥやＳＮＳで集客しよう

おわりに

第1章　講座ビジネスでかならず成功できる

いまはこんなことがお手軽に学べる時代

学ぶ側にも教える側にも、門戸が広がっている

あなたは「講座」と聞いて、どのようなものを想像しますか？

もしかしたら、英語とはじめとする語学、国家資格、自己啓発、お料理…といったものがメジャーかもしれません。

でもいまは、以前であれば考えられないほど、多様で、ニッチなジャンルの講座が数多く開催されているのです。たとえば、ある学びのサイトでは、次のようなカテゴリーで、さまざまな講座が開催されています。

【ビジネススキル】

ビジネスコミュニケーション、ライティング、プレゼン・資料作成、Ｅｘｃｅｌ、データ・統計、ロジカルシンキング、自己分析・ストレングスファインダー、新規事業・アイデア発想、マーケティング・広報ＰＲ、営業・セールス、会計・ファイナンス、経営戦略・経営分析、マネジメント・リーダーシップなど

【趣味・ライフスタイル】

絵画・デッサン、アート、陶芸、園芸、盆栽、音楽、ボーカル、演劇、マジック、ペットケア、旅行、将棋、囲碁・麻雀、折り紙

【ビューティー、ヘルス】

マッサージ、整体、ダイエット、小顔、表情筋、メイク、ネイル、ファッション、アロマ、ファスティング、バストアップ、骨格診断、妊活

【料理・グルメ】

和洋折衷の料理、お菓子づくり、パンづくり、ワイン、紅茶・コーヒー、魚のさばき方

【ライフハック、自己啓発】

心理学、投資、読書術、ファイナンシャルプランニング、アンガーマネジメントなど

【その他】

ＩＴ・リスキング、ヨガ・フィットネス、キャリア（起業・副業）、語学、スポーツ・アウトドア、

文化・教養（習字、茶道、華道、書道、仏教）、家庭教師・子どもの習い事

いかがでしょう？

思った以上に、多くのジャンルが扱われているのがわかりますね。

これだけあれば、

「自分も習ってみたい！」

「自分にも教えられる！」

と思えるものが、1つはあるのではないでしょうか。

いまは、学ぶ側にも教える側にも、門戸が広がっている時代なのです。

コロナでオンラインでの「学び」のニーズが加速

コロナは経営、働き方だけでなく、学びにも影響を与えた

2020年からのコロナ禍は、世の中に多大な影響を与えました。緊急事態宣言などによる外出抑制によって収入ダウンを余儀なくされた業種・業態は、数えるとキリがありません。

多くの経営者の方々は、コロナ融資を利用したりコストカットを行ったり、大変な経営努力をさ

れてきたことでしょう。残念ながら、廃業を選択せざるを得なかった方々も多いのかもしれません。わたしも非常に苦しい思いをしたので、心中を察するに余りあります。

一方で、オンラインによるリモートワークが一般化するなど、働き方やビジネスの進め方に大きな影響を与えたことは否定できません。とくに「学び」の世界は、大きく変わりしました。

わたしはもともとパーソナルジム経営をしていましたが、コロナ禍の影響を受けて、２０２０年３月の収入が８万円にまで下がってしまいました。

稼がなければ立ち行かない状態になったために、試行錯誤を繰り返した結果、オンラインを活用した「学び」に注目し、２０２０年10月に講師デビューを果たしたのです。

外出抑制による学びのニーズの高まりは、教える側への大きなチャンス

対面形式の「学び」であれば、教える際も、直接「見て・触れて」指導ができるというメリットがあります。一方でオンライン形式なら、住んでいる場所は関係なく、多くの人に見てもらうことが期待できるでしょう。

実際に、わたしの生徒のなかには、海外在住でシドニーやシアトルにお住まいの日本人の方もいます。普段の生活では絶対に会えないような人との出会いも、オンラインの醍醐味です。

オンラインによる学びの場における、コロナ禍以降の生徒・講師の数の増加には、目を見張るも

のがあります。外出抑制により、ニーズが高まったのでしょう。

これは、教える側にとっても大きなチャンスだとわたしは捉えています。

そのチャンスを活かすも活かさないも、あなた次第です。

誰でも「講師」になって収入を得られる

コツコツと継続していけば、ランクアップして収入を上げられる

誰にでも、かならず自分の得意なことや仕事で身につけたスキルがあるはずです。

ただ教えるだけなら、友人に直接説明したり、ＹｏｕＴｕｂｅ動画などで紹介したりすることもできますが、それで、継続的に収入を得ていくことは難しいでしょう。

でも、学びのサイトを活用すれば、教えた数だけ受講料として収入を得ることができます。

サイトを活用する手数料は受講料から差し引かれますが、初心者の副業、もしくは起業家や企業にも、十分におすすめできるのが、「オンライン講師」として活躍する方法なのです。

サイトによっては、講座を受けた生徒からの評価が高まるとランクが上がり、そのランキングが信頼の証となって、さらに生徒が増えることも期待できるでしょう。

わたしが主に活用している「ストアカ」では「バッジ」によるランクがあり、デビューした当初

はまだ実績がないので、予約がぽちぽち入る程度でしたが、「ゴールドバッジ」というものを獲得したあたりから、予約がコンスタントに入るようになりました。

これは、サイトを使用するからこそのメリットでしょう。

いまは誰でも「講師」の登録にチャレンジできますし、ランクアップすることで収入を上げることも十分に可能です。大切なことは、コツコツと継続することです。

こんな人は、「学び」をビジネスにしよう

自分のできること、得意としていることが求められている

「講師として教えるなら、きちんとした資格がないとできないのでは？」

というイメージを持っている人も多いでしょう。

でも、資格がなくても知識やスキルさえあれば、誰でも講師になれます。

特別な資格は必要ありません。

あなたが長年続けてきた仕事や趣味を、ほかの人が求めていることもあるのです。

ほかにも、制作系で販売実績があれば、その制作・販売方法を講座にすることもできます。

とにかく、自分のできること、得意としていることを洗い出してみましょう。

まずは、行動しよう

わたしもいろいろな講座を開講していますが、すべての資格を持っているわけではありません。自分の経験してきたことや得意としていることなどの実体験を講座のなかでシェアしているのです。それでも、生徒から非常に好評をいただいています。

理学療法士の資格を持つわたしが専門とする、ダイエットやトレーニングなどだけでなく、SNS集客の方法、SEOの知識、Facebookライブのやり方、Canvaで画像作成、外注化セミナー…といった講座も開催しているのですが、行える内容はとても多岐にわたります。

「講座がつくれない…」と悩んでいる方は、まずは過去を振り返ってみて、あなたができることをあげてみましょう。

いまはまだ特別なスキルがなくても、これから挑戦していくことで講師になることができます。

まずは行動していくことが、もっとも大切なのです。

メジャーとなった学びのサイト「ストアカ」

オンライン化により、ストアカの受講者が激増した

「ストアカ」というWebサイトを知っていますか？

「ストリートアカデミー」を略して、ストアカと言います。

この「ストアカ」は、ストリートアカデミー株式会社が運営する、わたしが主に活用している学びのサイトです。

ストアカでは、生徒としてさまざまなジャンルについて学ぶことができます。

また、自分の持っている知識やスキルを活かして、講師として生徒に教えたりすることもできるのです。

ストアカは、２０１２年にはじまりました。

当初は対面形式で、講師と生徒をつなぐ講座サービスをメインとしていましたが、コロナ禍の影響でＺｏｏｍなどのオンライン会議ツールを利用したオンライン形式のサービスも正式にはじまったのです。

いまは対面形式・オンライン形式どちらで開催するか、講座を選択することができ、全国各地で多くの生徒・講師がストアカを利用しています。

すでにお伝えした通り、わたしの生徒のなかには海外在住の日本人の方もいるので、世界規模と言っても過言ではありません。

ストアカの公式発表によれば、２０２２年４月の段階で累計受講者数（のべ人数）が１００万人を突破したとのことです。

ストアカについては、のちほど改めて詳しくご紹介します。ストアカは、学びのサイトとしてもメジャーな存在となっているので、ぜひ知っておいてくださいね。

受講者から見た、ストアカのメリット

学びはじめる際のハードルが低く、リーズナブルで決済もラク

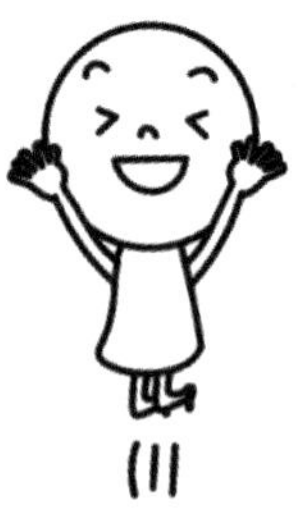

本書をご覧の方は、
「生徒として、ストアカで学んでみたい」
と思っている人もいるかもしれませんね。

この項目では、生徒としてストアカを利用するメリットについてお話しします。

講師として活動したい方も、講座を作成するうえで非常に大事なところですから、ぜひ知っておきましょう。

わたしが考える、ストアカで学ぶメリットとしては、

・入会金が不要
・1回限りの講座参加もできる
・お支払いがラク

・価格がリーズナブル

といったことがあげられます。

幅広いカテゴリーの講座を受けられる

1回限りの講座参加でもできるようになっているので、気軽に「学ぶこと」をはじめられます。

入会金は一切かからず、生徒ユーザーが支払うのは受講料のみ。

支払いはクレジットカード、もしくは銀行振込みなので、講師と生徒で直接現金のやりとりをすることはありません。これも安心材料の1つと言えます。

受講料は1000円からと、とてもリーズナブルな価格の講座も多いので、1つのジャンルに限らず、いろいろな知識を身につけたい方にもピッタリ。

また、対面形式とオンライン形式から探すこともできるので、直接教わりたい方、遠くの講師の講座を受けたい方、それぞれのニーズに合った講座の受講が可能です。

ちなみに、最初にお伝えした講座のジャンル・カテゴリーは、ストアカのもの。本当に幅広いカテゴリーの講座を受講することができるのです。

受講のハードルが低く、リーズナブルに、幅広い講座を気軽に受けられる。

これが、受講者から見たストアカの大きなメリットになるでしょう。

ストアカを受講する側の手順も把握しておく

ストアカ受講の４ステップ

ストアカでは、４つの簡単なステップで学ぶことができます。

ここで、まず生徒として受講する側の手順もお話しましょう。

(1) 講座を探す

まずは講座を探してみましょう。生徒は、

・関連するワードから検索
・開催日程

といったところから探すことができます。

また、講座のレビューを見ることができるので、はじめは評価の高い講座を受講するのがおすすめです。

どんな人向けの講座なのか、どんな内容の講座なのかも説明されているので、しっかり確認してくださいね。

(2) 講座の予約、事前決済をする

受けてみたい講座があったら、さっそく予約をし、事前決済を済ませます。決済は、クレジットカードが使えるので、とても便利です。

(3) 受講する

受講に必要な通信環境や開始時間を事前にしっかりチェックし、講座を受講しましょう。

(4) 受講した講座のレビューを投稿する

講座を受けてみた感想を、レビューに残すことができます。

わたし自身も、たくさんのレビューをいただくことが、活動の大きな励みになっています。

「はじめてだけれど、思いきって受講してみてよかった！」

というたくさんの声も多くいただいてきました。

講師側から見ていても、はじめての利用で少し不安そうだった方が、受講後は満足し、笑顔になっているると、うれしい気持ちになります。

はじめて利用する人にも、安心して受講していただけるような場を整えていきましょう。

講師がストアカを活用する利点を知る

① 初期費用がかからない

次に、講師としてストアカを活用するメリットについてお話しましょう。

ストアカは、対面での講師経験がなくても、オンライン講師に初挑戦したい講師の方でも、安心して活躍できます。

まず、講師登録や講座開設費用がかかりません。

講師がストアカに支払うのは、講座が開催されて、売上があがったときの手数料のみです。

なお、自分で集客した「自己集客」と、ストアカがサポートして集客した「ストアカ送客」の場合では、手数料が異なります。

自己集客の場合は売上の10％、ストアカ送客の場合は対面開催で20％、オンライン開催で30％となっています。

また、ストアカ送客の場合、月間の総売上に応じて割引が適用されるしくみもあります。

月額サービスを利用する場合の手数料は、講座と同じであることも知っておきましょう。

②　場所や時間にとらわれず自分に合ったスタイルで教えられる

ストアカでは曜日や時間帯、場所は関係なく、いつでも講座をはじめることができるので、自分のペースで開催することができます。

これは大きなメリットですね。

わたしもいまはストアカ講師をメインにしていますが、プライベートの時間を考えながら講座を開催しています。

また、自宅以外の場所でも講座配信ができるため、実際の現場をリアルタイムで見せることもできますし、通信環境があれば屋外での講座開催も可能です。

わたしは、現在、自宅兼事務所の一室を撮影スペースとして使用していますが、海外旅行が好きなので、いつか海外で講座を開催してみたいと思っています。

このように、ストアカでは時間が有効に使えるので、自分の理想の働き方を実現することができます。

子育て中の女性も家で講座を開催できるので、助かる人は多いのではないでしょうか。

講座は対面形式とオンライン形式から選べることは、すでにお話しました。

オンラインなら、普段の生活では絶対に会えないような人との出会いがあり、これがストアカ講師をする醍醐味であると言えます。

③　受講費の決済はストアカが管理してくれる

受講費は、生徒から予約が入った時点でストアカが事前に決済を代行してくれるので、講師が生徒と直接お金のやりとりをする必要がありません。

トラブルになりがちなお金のやりとりを、ストアカがきちんと管理してくれるのは安心ですね。

決済を代行してくれるおかげで、講師に専念することができるので、わたしはとても助かっています。

④　充実した補償制度があり、もしものときも安心

講座開催中に思わぬ事故でケガをしてしまったり、地震などの天災に見舞われてしまったりすることも考えられます。

とくにわたしのような身体を動かすレッスンをする講師にとっては、注意が必要なところです。

ストアカでは、そんなときに使える補償制度も充実しています（無条件ではありませんが）。

たとえば、外での講座中に講師や生徒が熱中症になって病院に通院したり、不慣れな作業で生徒がケガをしたりしたとき。

また、食品を使った講座で食中毒や体調不良が起きてしまったとき。

そのようなときはもちろんのこと、講座中の天災によるケガ、賠償事故にも対応しています。

しかもこの補償制度は特別な申請が必要なく、講師・生徒両方が補償の対象になります（ストアカの決済システムを経由していないご予約による受講、ストアカの利用規約・ガイドラインに違反する講座や行為をした場合は、補償対象外となります）。

万が一のトラブルが起きてしまったとき、ストアカが対処してくれることもあるのです。賠償事故などの場合は、現場の写真が必要になるので、きちんと証拠を残しておくようにしましょう。まだわたしのレッスンでは、そのような経験はありませんが、もしもの際の対応が整っていることは、安心材料の１つになっています。

⑤　サポートチームがいるから、わからないことも解決できる

はじめて講師としてストアカを利用するときのために、ストアカではサポートチームがスタンバイしています。

わからないことについて、ヘルプページなどによるサポートを実施しているので、安心してストアカを利用することができるのです。

さらにストアカには、講師のための公式ワークショップがあります（２０２３年３月時点）。

「講師をしてみたいけれど、どんなふうに授業をすればいいのかわからない」

「どうすれば、もっと集客できるのだろう？」

といった疑問悩みを解決するための講師向け講座が開催されているので、ぜひ利用したいですね。

⑥　講師同士の交流会もあるから、楽しい

ストアカでは、講師同士の交流会も不定期で開催されています。オンラインでも開催されているので、わざわざ集まらなくても、遠くに住んでいる講師ともお話できるのが魅力です。

教え方やスキルに関する意見交換ができるので、新たな刺激を受けられます。気になる講師の講座を受講してコミュニケーションを取ることもできるので、とてもいい刺激になるでしょう。

⑦　講座やセッション、仕事を提供できるプラットフォームは、ほかにもさまざま

講師や占い師になりたい人、つまり「プロ」を養成するならストアカでプロ養成講座を開催するのがおすすめです。

個人を相手にビジネスをしたい人はココナラを活用するのもいいでしょう。

個人向けに占いやダイエット指導、英語レッスンを行いたい場合や、士業の方がクライアントさんのサポートをしたい場合など、「個人」をテーマにしたサービスは多岐にわたりますが、ココナラでは活動しやすいといえます。

ほかにも、ライティングや編集、動画制作、デザインをはじめとしたクリエイティブなお仕事を請け負いたいときには、クラウドワークスやランサーズに登録するのもいいでしょう。

このように、複数のプラットフォームを利用して、活躍している人も大勢います。それぞれの利点をうまく使い分けることも、大切です。

もちろん、そのなかから1つに絞るのも自由です。

ぜひ、アンテナを広げて、自分に合ったものを探してみてください。

「このシステムは自分のビジネスに合うな」と思うものを、積極的に活用していきましょう。

〔図表1　講師がストアカを活用する利点〕

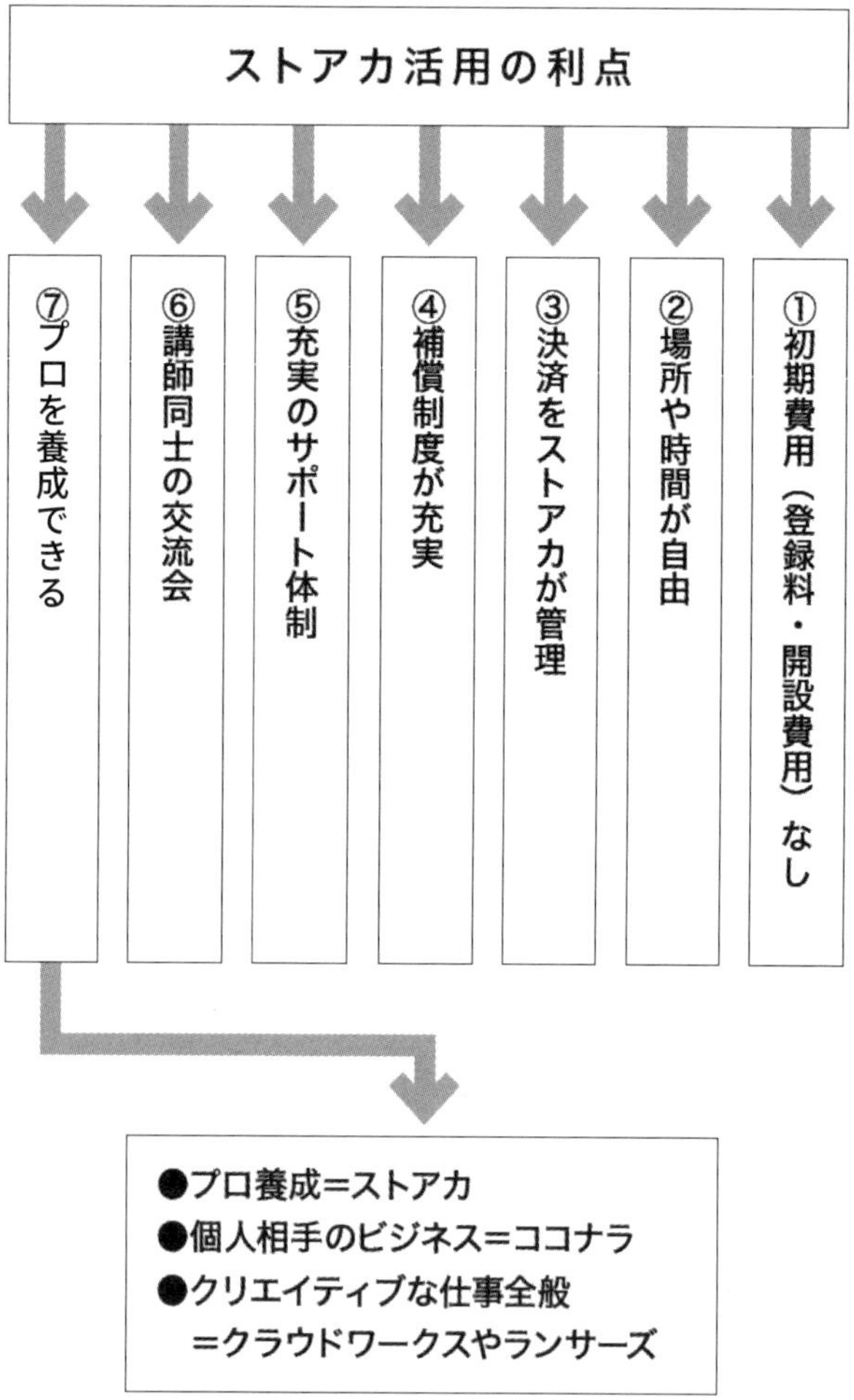
ストアカ活用の利点
①初期費用（登録料・開設費用）なし
②場所や時間が自由
③決済をストアカが管理
④補償制度が充実
⑤充実のサポート体制
⑥講師同士の交流会
⑦プロを養成できる
●プロ養成＝ストアカ
●個人相手のビジネス＝ココナラ
●クリエイティブな仕事全般
＝クラウドワークスやランサーズ

第2章　講座ビジネスで成功するための考え方

ビジネスで結果を出すために大切な、たった1つのこと

結果を出すためには、マインドを整えよう

本章では、講座ビジネスに限らず、あらゆるビジネスで結果を出すために重要な話からはじめましょう。

じつは、これがどのようなノウハウよりも、一番大切です。

ここでお伝えすることは、ビジネスで結果を出すために必要な「たった1つのこと」です。

あなたは、ビジネスで結果を出すために、何が必要であると思いますか？

しっかりと考えてから、次へ進んでください。

この質問をすると、多くの方は「才能」「学歴」「ノウハウ」「経験」と答えます。

これらは、残念ながら正解ではありません。

それでは、正解は何でしょうか？

正解は、「マインドを整えること」です。

結果を出すためには、このマインドを整えていかなければいけません。

マインドが整っていなければ、継続的には成功できない

マインドセットという言葉を、あなたも聞いたことがあるのではないでしょうか。

でも、いま1つ、ピンとこない人もいるでしょう。

わたし自身、起業したときに
「大切なのは、マインドです」

と言われても、疑わしく思っていました。

でも、経験を重ねるうちに、本当にマインドが重要であることに気づいていったのです。

はっきり言います。

これから本書でお話するノウハウだけを持っていても、継続的に稼ぐことはできないでしょう。

ですから、まずマインドを整えることが最重要なのです。

マインドが整っていない状態で、一時的に売上が上がったとしても、何か問題が出てきたときに、自分で解決することはできない状態に陥ってしまいます。

一方で、マインドがしっかりとしていれば、問題が出るたびに解消し、ブラッシュアップし、継続して稼ぎ続けることができるのです。

ビジネスで成功している人は、例外なくマインドが整っています。

わたしもこれまで、数多くの成功している起業家の方々から学んだり、仕事をご一緒させていた

だいたりしましたが、成功する人はかならず、マインドが整っています。

逆に、整っていない人は稼ぎ続けられませんし、成功していないのです。

いままでの思考が、いまの自分をつくっていると知ろう

もう1つ質問です。あなたが本書を手に取った理由は何でしょうか？

きっと、

「いまよりも稼ぎたい」

「自由な生活をしたい」

「収入の柱を増やしたい」

といった理想の状態を実現したいからでしょう。

ただ、当然ながら、いまと同じ思考をしていては、「結果」を変え、「理想の未来」を実現することはできません。

なぜなら、いままでのあなたの思考や行動が、いまのあなたの状態をつくっているからです。

あなたの思考を変えなければ、未来の結果は変わりません。

別の言い方をすれば、「思考が変われば、結果も変わる」ということですね。

ですから、ぜひ、マインドを変えることに目を向けてみてください。

結果を出すマインドに変える

結果を出すための、３つの考え方

すでにお話した通り、ビジネスで成功するためにはマインドを変えなければいけません。

では、具体的にどうすればいいのでしょうか？

結果を出す人には、３つの考え方があります。

それは、「① 基準値を上げる」「② 学び方を学ぶ」「③ 自力思考」です。

この３つを、かならず身につけましょう。

そのために、ここからは、それぞれについて詳しく説明していきます。

結果を出すポイント／① 基準値を上げる

これは、

「いまのあなたの結果は、いまの基準値で生まれている」

「結果を出す人は、基準値が高い」

ということです。

たとえば、年収300万円のAさん、1000万円のBさん、1億円のCさんの基準値は、一緒だと思いますか?

当然ながら、違います。

もしあなたが1000万円、1億円の年収を目指すのなら、BさんもしくはCさんの基準値まであなたの思考を引き上げていかなければ、目指す年収には到達できません。

基準値が低い人の口グセは、

「ちょっと自分にはできません」

「面倒だから、あとでいいか」

「やっぱり自分はダメなんだ」

「わたしではなく、あの人のせいです」

などが多いでしょう。

でも、年収1億円の人が、このような言葉を使うでしょうか?

おそらく、想像のなかであっても使うことはないでしょう。実際、このような言葉を発しているうちは、なかなか上へは行けません。

ですから、わたし自身も言わないように心がけています。

あなたも、言葉に気をつけることで、あなたの基準値を上げていきましょう。

結果を出すポイント／② 学び方を学ぶ

「ノウハウ」は、時代の流れによってどんどん変わっていきます。

ですから、ノウハウを教わっているうちは、能力が高まりましょう。

また、ノウハウを教わっているうちは、能力が高まりません。学び方そのものを学び、自分で解決できる力をつけることが、とても重要になのです。

ノウハウだけ身につけても、時代が変わった途端に対応できなくなってしまいます。そうならないために、いつでも学べる状態をつくっておきましょう。

どんなときも、目指したいゴールは、「自分だけでビジネスができる」という状態です。

自己解決できるようになる学び方を、身につけていきましょう。

そのためには、本書の内容だけにとどまらず、学びの機会を持っていく必要があるかもしれません。

わたし自身も、よく聞かれる質問に

「この答えを教えてください」

というものがあります。

ただ、わたしに答えを聞いて問題が解消しても、根本的な解決にはなりません。

いつも答えをもらえる環境に慣れてしまうと、言われた通りにしかできない「思考停止状態」になってしまうのです。

これでは、成功し続けることはできません。自分で考える習慣が必要なのです。

ビジネスを続けていけば、かならず予測できないこと、思うようにいかないことが起こります。

自己解決能力をつけていかなければ、結果を出し続けることはできないのです。

ですから、常に「考えること」をサボらないようにしましょう。これは、とても重要なポイントです。

結果を出すポイント／③ 自力思考をつける

うまくいかない人が持っている思考のクセに、「依存思考」「作業思考」という2つがあります。

依存思考とは、

「自分は、誰かに成功させてもらうものだ」

といった考え方です。

成功は、誰かにさせてもらうものではなく、自分でつかむもの。

繰り返しになりますが、自分で考えることができなくなっている時点で、かならず失敗します。

もう一度、年収1000万円、1億円の人の思考を想像してみてください。きっと、年収1億円の人は、「成功は、誰かにさせてもらうもの」とは言わないでしょう。

1億円を目指すかどうかは人それぞれですが、成功している人は例外なく、自分の力で成功して

いるはずです。成功したいのであれば、

「成功は自分でつかむものだ」

と考えるように意識を変えていきましょう。

もう1つの、作業思考は、

「マニュアル通りに動けば、考えなくてもできる」

という考え方です。

大事なことなので、何度もお伝えしますが、仕事は考えて行うものです。自分の考えや意見がない「作業者マインド」でいるうちは、成功できないでしょう。かならず、自分の考えや意見を持って動きましょう。それが、「仕事」です。

「作業者マインド」を捨てて、「思考者マインド」を持って、「自分なりの結論と根拠を出せる状態」になりましょう。

作業者マインドから思考者マインドに意識を変える

もっとも、このようにお伝えしているわたし自身も、起業当初はマインドが整っていない状態でした。入会した起業スクールでは、

「結果が出ないのですが、どうすればいいのですか？」

と、講師の方に聞いていたほどです。

そのときは、逆に
「あなたならどう考えますか？」

と尋ねられた質問に、答えることができませんでした。

そして、自分でビジネスをはじめたのに、何も考えていない自分に気がついたのです。

これに気づくまでの1年間、わたしはうまく稼ぐことができませんでしたが、思考が変わってからは、一気に稼げるようになっていきました。

本書をご覧のあなたには、わたしのように悩みに1年もかけず、いまの時点で変えてほしいのです。結果を出すのはあなた自身。自己解決能力を身につければ、あなたは成功をしたも同然。

マインドを変えて、自己解決能力という最強の武器を身につけてくださいね。

あなたのマインドチェック

マインドが整っている状態かどうかを、常に確認しよう

ここで、あなた自身のマインドが、いまどのような状態かをはかるためのチェック項目を紹介します。ぜひ、自分の現状を確認してみてください。

《マインドが整っているかどうかのチェック》
□とにかく行動をしているか？
□行動を継続できているか？
□目標が明確になっているか？
□現在の状況を把握できているか？
□うまくいっているのはなぜか？
□うまくいかないのはなぜか？

《マインドが整っていない状態のチェック》
□言い訳をしている状態
□依存的な思考になっている状態
□望む結果を得るために、しっかり考えていない状態
□いつまでも現状維持の考え方をしている状態

どちらに、より多くチェックがついたでしょうか。
いままでと同じ思考では、これからも、結果を変えることはできません。
でも思考が変われば、結果はかならず変わります。

そのためにも、まず、自分がいまどんな思考を持っているのかをしっかり知るところからはじめましょう。

売れる講座をつくるためにかならず押さえるべきこと

「需要があること」が、売れる講座の大前提

講師として講座を開催するからには、「売れる講座」、つまりたくさんの生徒が参加する講座をつくらなければ、ビジネスを続けていくことはできません。

ここからは、「売れる講座」をつくるために、絶対に押さえておくべきことをお話しましょう。

まず押さえるべきポイントは、「需要があること」です。

つまり、母数が取れる、大きなところを狙っていなければいけません。

需要があるかどうかの見極めは、わたしの場合、「広告ライブラリ」を参照します。

そこで、広告の掲載期間をチェックしてください。長く広告がかけられているものは需要があるものだとわかります。

Ｆａｃｅｂｏｏｋの広告ライブラリは、誰にでも見ることができますよ。

ほかには、Ｋｉｎｄｌｅで上位の本のテーマや、ＹｏｕＴｕｂｅの再生回数が伸びている動画も、

注目しましょう。ココナラやストアカで20件以上売れている講座や商品を見るのも、ニーズのリサーチには有効です。

需要があるものを「尖らせて」いこう

そして、需要があるものをそのまま講座にするのではなく、尖らせて、ほかと差別化していきましょう。たとえば、Ｉｎｓｔａｇｒａｍの講座は数えきれないほどありますが、「ＩｎｓｔａｇｒａｍからのＬＩＮＥへの集客」というように、ＬＩＮＥ集客と、集客の自動化に特化すれば、ほかのインスタ講座との差別化ができますね。

いま本当にニーズがあるのは、「ＳＮＳ集客」よりも、ＬＩＮＥへの自動集客です。母数が多いところで尖らせる。これは、大切なポイントと言えます。

実際、「Ｉｎｓｔａｇｒａｍ集客講座」では講座数も多いので、誰を選べばいいのか生徒側が迷ってしまっています。もし、あなたがＬＩＮＥに強いのであれば、ＬＩＮＥ集客に特化してしまいましょう。

ほかには、タイトルに期間を入れるのも効果的です。

たとえば「３日で身につく」「１週間でできる」というように、具体的な数字を入れましょう。

また、初心者向けなのか、プロ向けなのか、ターゲットとなる人を明確にしておくことも重要です。ターゲットの需要に合わせて内容を尖らせることで、より訴求力があがっていくでしょう。

講座が売れない人の特徴とは

素人がつくったようなデザインでは、まず売れない

売れる講座には、きちんとした「売れる理由」があります。

一方で、売れない講座にも、「売れない理由」がたくさんあるものです。

Ｉｎｓｔａｇｒａｍなどを見ていても、売れている人と売れていない人は、はっきりと違いがわかるのではないでしょうか。

売れない講座に共通して見られるのが、サムネイルや案内ページのデザインがキレイではないことです。明らかに素人がつくったとわかるデザインでは、まず売れません。

また、売れていない人の投稿は、デザインを見ても、何を伝えたいのかがわからない傾向があります。

まずは、キレイに見える投稿と、プロがつくったような美しいデザインを意識しましょう。

また、デザインだけでなく、

「投稿や案内で、何を伝えたいのか」

「読み手は何を得られるのか」

が明確にわかるようにすることも重要です。

こだわりが強い人も、売れない

売れる講座をつくるための大前提は、売れている人をそのまま真似することです。

これはいつも伝えていることですが、

「自分はどうしてもこれでやりたい」

というように、自分の意見を押し通す人は、まず売れません。

売れている人に売れる理由があるように、売れない場合にも理由があります。

いま売れていないのに自分のこだわりが強く、主張を譲らない人は、そのままでは、まず売れるようにはならないでしょう。

また、一方的に話す人や、売り込みが露骨な人の場合も、継続して売上を上げ続けることは難しい傾向があります。

「お客様が求めていること」をつくらなければ、売れない

お客様のニーズと提供するものがずれている場合も、やはり売れていません。

「自分ができること」だけを考えて講座にする人が多いのですが、基本的にお客様が求めているものをつくらなければいけないのです。

「自分のメソッドがあるから、それをどうしても広めたい」

と主張する人は多いものですし、その気持ちもよくわかります。

でも、そもそも求められていなければ、お金を払ってまで受講しようとは思ってもらえないでしょう。

先ほど紹介した「マインドセット」をして気持ちが整ってくると、自分のこだわりで意見を通してしまうことや、お客様のニーズを無視してしまうこともなくなっていくはずですよ。

金額設定がニーズと合っていない

講師のなかには、

「わたしは、この単価では（設定が低くて）できません」

と言う人がいます。

でも、金額設定がお客様のニーズと合っていなければ、やはり商品は売れないのです。

基本的には、いわゆる「フロント講座」は価格を下げて、高度になるにつれて階段を上るように価格を上げていくのがいいでしょう。

一方で、すでに実績がある人なら、フロント講座から高めの設定をしても問題はないでしょう。

でも、そこまでの段階にない人が単価を高くすると、そもそも「入口」に来てもらえなくなります。そのため、いつまでも売れるようにはなれないのです。

講座を受けた人がどう変わっていくか、何の解決をするのか

多くの講師のお悩みに、

「フロント講座から次のステップへ、なかなか進んでもらえない」

というものがあります。

これは、

「あなたはこうなっていけますよ」

ということを、生徒にイメージさせることができていないからです。

講座を受けることで、お客様がどう変わっていくのか、誰の何を解決できるのか、といったイメージを持っていただけなければ、次の講座に進んではもらえず、単価も上がらないでしょう…。

面倒見の悪い人も、売れない

生徒に対して「手厚くない」講師も、講座が売れない傾向があります。

わたしがとくに意識しているのは、生徒同士の横のつながりです。

たとえば参加者が複数の場合、講師から生徒に対して一方通行にならないよう、みんなで考えたり、ワークしてもらえる機会を設けたりしています。

コミュニティーの運営でも、自分と参加者が「1対多数」の場合は、横のつながりをかなり意識する必要があります。

参加者同士が横でつながれば、場も盛り上がり、リピートにつながるもの。

そこから紹介が生まれる可能性も生じるでしょう。

また、講師をするからには、きちんと生徒のお世話ができる人でなければいけません。

面倒見が悪い人は、単発に終わるので、結局ビジネスに失敗してしまうのです。

これは、コミュニティーにも共通することです。

面倒見の悪い人、自分のことしか考えてない人が運営するコミュニティーは、継続者が少ないため、まったく成り立っていないのではないでしょうか。

〔図表2　講座が売れない人の特徴〕

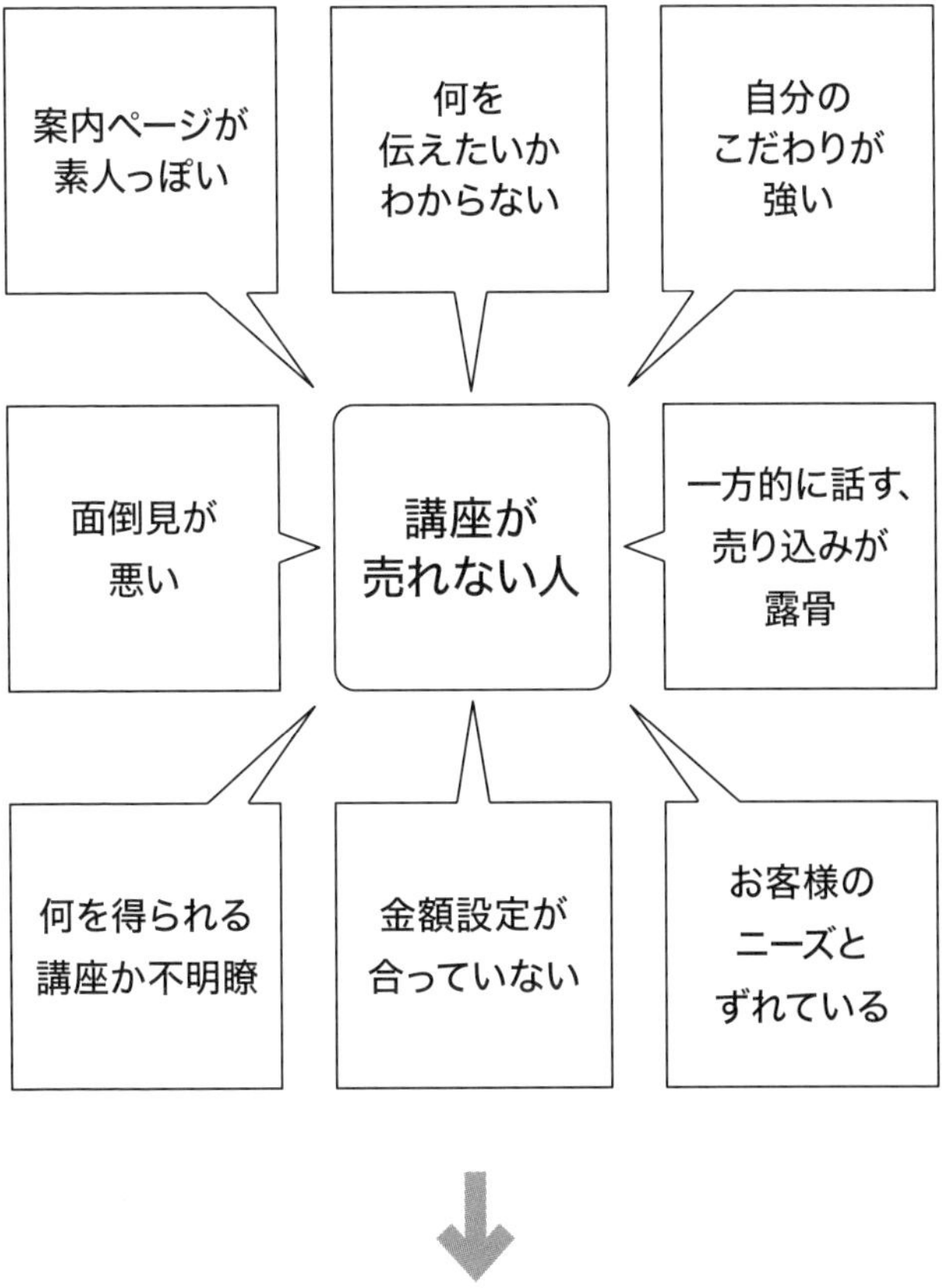

まずは、「マインドセット」を整えよう!

ターゲット層を考える

「検討中の人」「いますぐ買いたい人」に向けた活動をしよう

ビジネスをする際、どのような層をターゲットとして設定し、行動しているかは、とても大切なところです。

どうしても、はじめのうちは

「誰でもいい」

「誰でもいいから集客したい」

と考えてしまいがちですが、それでは効率が悪く、いい結果にはつながりません。

とくにストアカの場合、わたしは

「お客様のターゲット層を考えましょう」

とよくお伝えしています。

具体的には、

(1)　ほとんど購買意欲がない人

(2)　購入を検討中の人

⑶　いますぐ買いたい人

の３層に分かれると考えています。

ストアカは、お金を払ってでも講座を受けたいと思っている人が利用する、「プラットフォーム」です。

ですから、講座文章を考える際にも戦略を考える際にも、⑵の「検討中の人」と⑶の「いますぐ買いたい人」に向けて活動をしていきましょう。

高評価を得て、人が集まる流れをつくる秘訣！

講座のよさを「実感」してもらう３つのポイント

講座を展開するためには、生徒から高い評価を得ることが必要不可欠です。

これから受講を考えている人たちは、講師のレビューを参考にして、講座を選んでいます。もし、同じジャンル、似た内容の講座が複数あれば、高評価を得ている講師を選択するでしょう。

ここでは、わたしが生徒から高評価を得るために、意識しているポイントをご紹介します。

お客様から高評価を得るには、「実感」を与えてあげることがとても重要です。

その「実感」には、次の３つの側面があります。

(1)「成功体験」
(2)「理解」
(3)「リフレーミング」(「枠組みを変える」ということを意味しています)

1つ目の成功体験とは、たとえば
「講座のなかで何かができた」

「ワークを通じて何かができるようになった」

といった成功を与えることです。

この「成功体験」を通じて、人は講座のよさを実感し、満足度が上がります。

そのような「成功体験」を与えてあげるのが、高評価を得るポイントになるのです。

2つ目の「理解」とは、話をよく聞いてあげて、相手を理解することです。

コミュニケーションのうえでも、相手を理解することはとても大切ですよね。

3つ目の「リフレーミング」は、その人の脳のなかの枠組みを外すような、新しい知識を与えたり、いままでまったく考えたことがなかった概念を与えたりすることです。

たとえば、これまで知らなかったツールを教えることで、その人の頭のなかの枠組みが変われば、より信頼感が増していくでしょう。

この3つを意識し、実践することで、高評価をもらえるはずです。

自分のレビューだけでなく、売れている講師のレビューもチェック

ストアカは、結局は「学びのマーケット」なので、もちろん学ぶ場所です。

でも、詰まるところは「学ぶだけ」でしかありません。

大切なのは、学んで終わりではなく、学んだそのあとに行動するための「何か」を、きちんと残して帰ってもらうことです。これができれば、自ずと高評価をもらえるでしょう。

高評価は、ストアカ内のレビューに書かれています。

高評価の講師のレビューは、できるだけチェックするようにしましょう。

ほかの人気の講師がもらっている評価には、人気の理由が書かれています。ですから、それを見ることで、今後自分が何をすべきかがわかってくるでしょう。

もちろん、自分のレビューをチェックして、今後に生かすことも必要です。

日々、お客様のニーズをつかみにいき、講座をブラッシュアップしていくことで、高評価を得られるようになっていくはずです。

失敗するパターンをあらかじめ知っておく

生徒が感じた「こんな講座はイヤだ！」

講座を開催していれば、予想外のトラブルが発生したり、失敗したりすることもあるでしょう。生徒から、

「講座を受けてみたけれど、最悪だった！」

といった評価を避けるためには、生徒目線の失敗談から、注意するべき点を見ていくことが得策です。実際の生徒の意見から、問題点を見ていきましょう。

講師がずっと話している

生徒から不評なのが、講師が延々と一方的に話してしまうケースです。とくに、

「講座内容に関することなら、まだ聞いていられたけれど、講座内容とほとんど関係のない、講師のプロフィールや自慢話をダラダラと話されて、時間がもったいなかった…」

「ずっと講師が話しているので、質問するタイミングがつかめず、結局質問ができなかった」

といった意見はとても多いものです。

緊張してしまうと、つい余計なことまで話しすぎてしまったり、質問を受けることを忘れてしまったりすることもあるでしょう。

まずは、人気のある講師がどのような受け答えをしているのかを研究したり、ストアカのコンテンツを参考にしたりしながら、授業のタイムスケジュールを考え直してみてくださいね。

受講料に見合った内容でない

「講師が説明書を見ながら指導しているだけではなく、間違いも多く、教え方が下手で理解しにくくて、最悪だった。あれで講師をしてはだめでしょう」

という意見を目にしたこともあります。

これは、資格がなくても講師になれる点が裏目に出てしまい、なかにはあまり実力がともなわない、もしくは準備不足の状態で、講座を開いてしまった例です。

もちろん、講師初心者の頃は、緊張から流れが悪くなってしまうこともあるかもしれません。

でも、講師をするならば、しっかりと準備や講座の練習を行い、有益な情報を生徒に教えられるよう常に気をつけなければなりません。

また、講座中の言葉選びにも気をつけましょう。

「多分〜です」

「～だと思います」

といった言葉を使ってしまうと、生徒は

「本当にその情報は合っているのかな？」

と不安に思ってしまうものです。

どんな質問にもはっきりと答えられる状態で、講座を開きましょう。

講座中に気をつけること

1　通信環境・接続方法の確認

講座の失敗には、生徒からの意見だけではなく、講師が実際に講座を開催してわかることもあります。講師目線での、講座中の注意点についても確認していきましょう。

まず、オンライン講座を実施するうえで最初に気をつけておきたいのが、通信環境が安定しているかどうかです。途中で講座の配信が切れてしまっては元も子もありませんし、生徒からの評価もガタ落ちになってしまいます。

講座を開催する場所のＷｉ－Ｆｉなどの環境が安定しているかどうかは、かならず確認しておきましょう。

主に自宅をメインで講座を行う場合は、容量に余裕のある光回線を引いておくことをおすすめします。一方、屋外のフリーＷｉ－Ｆｉは、通信状態が不安定になることも多いので、あまり利用しないほうがいいでしょう。

また、生徒のなかには、はじめてオンライン講座を受ける人もいます。

そのような人にとっては、まず接続が難しいケースもあるものです。

「接続方法がよくわからず、講座を聞くことができなかった…」

という状況を避けるためにも、事前に必要な通信環境や接続方法を説明しておきましょう。

そして、講座がはじまる前、時間に余裕を持って生徒が接続できているかどうかを確認しておくと無難です。

2　音声がどのように伝わっているか気にかける

実際に講座を開催した講師の方々からは、

「自分ではハキハキ喋っていたつもりだったのに、何度も聞き返されてしまった」

「聞き取りづらい、と言われてしまった」

といった失敗談もよく聞かれます。

パソコンやスマホをそのまま使って音声を発信しているような場合、距離によっては聞こえづらくなったり、まわりの雑音が入ったりすることもあるもの。

そのようなことを避けるために、講師の音声が伝わりやすくなり、生徒の声が聞き取りやすくなるように、ヘッドセットの使用がおすすめです。

また、講座中に生徒のマイクがオンになっていると、雑音が入って講座を進めにくくなることもあります。

講座中に講師が話している間は、生徒のマイクをミュートにする機能を使い、参加者全員が講座に集中できるようにすることも大切です。

その際は、生徒にひと言、ミュートにする旨を伝えてくださいね。

3 カメラの位置にも注意する

対面と違い、オンラインでは画面の映り方にも注意が必要です。

「生徒から見える画面の映り方で失敗した」という講師も大勢います。

カメラの角度によっては講座内容が見えにくかったり、下から講師の顔を映すことで、実際よりも印象が悪く見えてしまったりすることがあります。

講座内容が、生徒から見えやすいように配慮しましょう。

カメラは講師の目線の高さを基本として、カメラを通じて自分がどのように映っているかも、かならずチェックしてくださいね。

照明にも気をつけましょう。

講座を行っている空間が暗ければ見えにくいうえに、講師のテンションも低く見えてしまいます。

照明を当てる方向や位置によって、印象が変わるということを知っておいてくださいね。

ネットで検索すれば、照明の当たる角度で印象が変わる実験の画像を見られますし、いまは顔色がよりキレイに映る電球も発売されています。

人気ＹｏｕＴｕｂｅｒが使っている、撮影用の照明を使ってみるのも１つです。

明るく当てすぎるとホワイトボードが見えにくい場合があるので、講座の前に画面で確認しておきましょう。

また、同じ明るさでも、たとえば青い照明とオレンジの照明とでは、印象が変わります。

料理を美味しそうに見せたり、温かい印象を見せたりしたいときは、オレンジの照明を選ぶといいですよ。

ストアカの講座で、カメラや照明のコツを学ぶのも、おすすめです。

カメラ位置やライトの使い方は、一度しっかり学ぶことで、講師として役立つだけでなく、ＹｏｕＴｕｂｅなどの動画配信や、ＳＮＳ発信でも役立つはずです。

4 講座中のコミュニケーションも大切に

講座中に生徒が講師の話についていけない状況になることもあれば、講師も自分のペースが生徒と合っているのか不安になってしまうこともあります。

そうならないよう、生徒がリアクションをしやすいルールを、あらかじめ設定しておくのがおすすめです。

たとえば、質問があるときには、

・コメント機能を使って自由に書き込みをしてもらう
・スタンプでリアクションしてもらう

といった方法もあります。

これなら声を出さずに済むので、生徒もリアクションしやすくなるでしょう。

講師も、生徒とのペースが合っているかを確認しながら進めていかなければいけません。

キリのいいところで質疑応答の時間を取る、ゆっくり話す、合間を取る、といったことを意識すれば、参加しやすい講座をつくれます。

生徒が参加しやすいと感じる講座は、評価も高くなり、再受講にもつながります。

どのようにコミュニケーションを取りながら講座を進めるのか、事前にしっかり考えておきましょう。

ライバルの存在は、成長の原動力になる

ライバルは最低3人見つける

スポーツでもビジネスでも、自分を高めてくれるのは「ライバル」の存在です。

ライバルの存在は、追いつけ・追い越せの原動力になるもの。

講師として成功するためには、自分と同じようなジャンルで、ライバルとなる講師を見つけることも大切でしょう。

わたしは普段、ライバルは、最低でも3人見つけましょうと伝えています。

ただし、やみくもにライバルを決めるわけではありません。あまりにも遠い存在なら、レベルが違いすぎて、刺激にはならないからです。

ポイントは、少し背を伸ばせば手が届きそうな講師を見つけること。そして、その人の真似できるところ、参考にできるところを探しながら、講座をつくっていきましょう。

たとえばストアカの場合、講座実績による「バッジ」というランク制度があります。

最初はバッジのないところからはじまって、バッジ、シルバーバッジ、ゴールドバッジ、プラチナバッジ、というふうに昇格していくのです。

ここで、まったく講師実績のない人が、プラチナバッジの講師を真似しようとしても、追いつけるものではありません。

まずはシルバーバッジやゴールドバッジで、勢いよく講座が伸びている講師をライバルにしてください。少しがんばれば追いつけると思える講師を見つけ、参考にしながら講座をつくっていけば、人気が出やすくなるでしょう。

ライバルを3人以上見つけたら、まず、その講師の方々の開催の実績や過去の受講者数、レビューの数、講座の概要（開催の時間帯、講座時間）などをリサーチしましょう。

そして、リサーチ結果を参考にして、講座をつくっていくことをおすすめします。

「3つのWHY」を押さえて、魅力的な講座文章をつくる

乗り越えるべき「3つのWHY」とは

講座に参加してもらうためには、参加したくなる講座文章をつくることも、とても大切です。

実際、あなたはどんなときに、商品を買いたいと思いますか？

人が何かを買うのは、「3つのWHY」を乗り越えたときです。

「3つのWHY」とは、

・なぜ、わたしが買わなければいけないのか
・なぜ、あなたから買わなければいけないのか
・なぜ、いま買わなければいけないのか
…というもの。つまり、お客様の「買う理由」をこちらから、つくることが必要なのです。

「困っていること、痛み」にフォーカスしよう

「なぜ、わたしが買わなければいけないのか？」

という答えは、「ＯＡＴＨ（オース）の法則」のなかにあります。

ＯＡＴＨの法則とは、見込み客の気づきレベルをあらわすものであり、それぞれ

Ｏ（Oblivious＝無知）
Ａ（Apathetic＝無関心）
Ｔ（Thinking＝考えている）
Ｈ（Hurting＝困っていること、痛み）

…を意味します。

そして、「Ｈ　困っていること、痛み」にフォーカスすれば、「なぜ、わたしが買わなければいけないのか」という理由の説明をクリアにできるでしょう。

過去の実績やデータ、経歴で、「Ｗｈｙ　Ｙｏｕ?」をクリアしよう

「なぜ、あなたから買わなければいけないのか?」

という2つ目の「ＷＨＹ」に必要なのは、過去の実績やデータや経歴です。

「Ｗｈｙ　Ｙｏｕ?（なぜ、あなたから?）」

という動機が強くなればなるほど、ほかの人には負けません。

誰にも負けない、オンリーワンの立ち位置を得られるでしょう。そして、

「あなたから教わりたい」

というほどに、魅力を感じて、ファンになってもらえたなら、リピートにもつながっていきます。

あなたのファンになってもらえるようになれば、ビジネスはより成功に近づいていくはずです。

限定性・希少性、イメージさせることで、「Ｗｈｙ　Ｎｏｗ?」を明確にする

「Ｗｈｙ　Ｎｏｗ?（なぜ、いま買わなければいけないのか?）」

という壁は、多くの人が経験しています。

あなたも、

「持ち帰って考えます」

と言われたことが、一度はあるのではないでしょうか?

これをクリアするには、いますぐに行動すべき理由を提示することが必要です。いますぐ決断させるポイントは、「限定性」・「希少性」・「特典」です。

デパートのタイムセールに人が殺到することを思い浮かべてみてください。もし、

①「売り切れる前に、買ってください」

②「限定３名で、残り２名。売り切れるので、買ってください」

と言われたなら、後者のほうが、購入意欲は上がるのではないでしょうか？

ほかにも、と購入したあとの未来をイメージさせることも、大切なポイントです。

たとえば、ダイエットプログラムの場合、

「これを１カ月続ければ、あなたは３kg痩せることができ、着たかった○○の洋服でデートに行くことができます」

と成功したあとの未来を伝えれば、購入意欲がアップするでしょう。

お客様の「３つのＮＯＴ」を意識して文章をつくっていく

問題提起をして、お客様の行動を促そう

お客様は、「３つのＷＨＹ」のほかに、講座紹介文を読まない「３つのＮＯＴ」も持っています。

これは、

・そもそも案内や紹介文を読まない

・信じない

・信じたとしても行動しない

というものです。

何かを販売するときには、この「3つのNOT」も乗り越えなければなりません。

この「3つのNOT」を解消するためのアプローチポイントは、問題提起をして、行動を促すこと。これは、何かを売るためには、外すことができない要素です。

問題提起とは、たとえば、糖質制限をしている人に向けて

「糖質制限すると太るって知っていますか?」

「じつは、ゼロカロリーのものを食べるから太るんですよ」

と訴えかけることです。

世間では、ゼロカロリーのものを食べると痩せるイメージがありますが、一概にそうとは言えません。

それは、ゼロカロリーには多くの人工甘味料や食品添加物が含まれており、摂取することで腸内環境が荒れて、太りやすくなるという側面もあるからです。

このように、一般的に思われていることと逆のことを伝えることで「え？　ゼロカロリーは痩せるんじゃないの？」と目を引くことができます。

キャッチコピーをタイトルや見出しに、こうした問題提起を表示することで、お客様が講座の紹介文を読まないという、「３つのＮＯＴ」の壁を越えられるのです。

そして、そのあとの行動を促す文章では、「年末までの期間限定です。あと３時間で値上げします。いますぐこのボタンを押して、コメントをください」

というように、限定性や希少性で訴求するといいでしょう。

先ほどの３つのＷＨＹを明確にし、この３つのＮＯＴを意識して、講座文章を考えてみると、お客様の集まり方が大きく変わっていくはずですよ。

講座文章のつくり方　～ベネフィットを語る～

人は「スペック」で買うわけではない

講座文章をつくる際の大切なポイントとして、「ベネフィットを語る」というものもあります。

人は、商品の特徴・スペックでものを買うのではありません。

「その商品を買うことで得られる未来」を買うのです。

たとえば、パーソナルジムが、次のようなキャッチコピーを出したとします。

「トレーナーが、マンツーマンで指導します」

「糖質制限で毎日、食事管理をします」

「ダイエットのプロが教えます」

…いかがでしょう？

これはただの特徴ですから、大きな魅力を感じないのではないでしょうか。

「ベネフィット」を語ることで、心に刺さりやすくなる

一方で、ベネフィットを語ると、商品が魅力的に感じられるようになります。

「どんな洋服も、おしゃれに着られるようになります」

「10歳若返り、同窓会で一目置かれます」

「新しい彼と好きな洋服で、ディズニーランドに行けるようになります」

「一生健康的な身体で、お孫さんとずっと遊ぶことができます」

…といったキャッチコピーなら、いかがでしょうか？

こちらのほうが、ずっと印象的で魅力的ですよね。

それは、すべてのキャッチコピーが、「ベネフィット」を語っているからです。

ほかにも、ユニクロの例もご紹介しましょう。

「この商品は、ヒートテックです。暖かいので、いままで2枚着ていた服が、1枚ですみます。だから、痩せて見えます」

…これも、ベネフィットを語るキャッチコピーです。

実際、ヒートテックは、発売当初からとても人気商品でした。

このようにベネフィットを語られることで、商品をより魅力的に感じ、価値があると納得して購入いただくことができるのです。

講座文章でも、ベネフィットを語ることは重要です。

人によって魅力的に感じるポイントは違いますから、

「この講座を受けることで、あなたにこのような未来が待っています。こんな未来が得られます」

と、とにかく数多くのベネフィットを語りましょう。

このコピーライティングのコツをつかめば、10倍の売上アップも夢ではありません。

ご紹介した具体例を参考にして、お客様の心に刺さる講座文章を考えてみてくださいね。

〔図表3　講座文章のつくり方〕

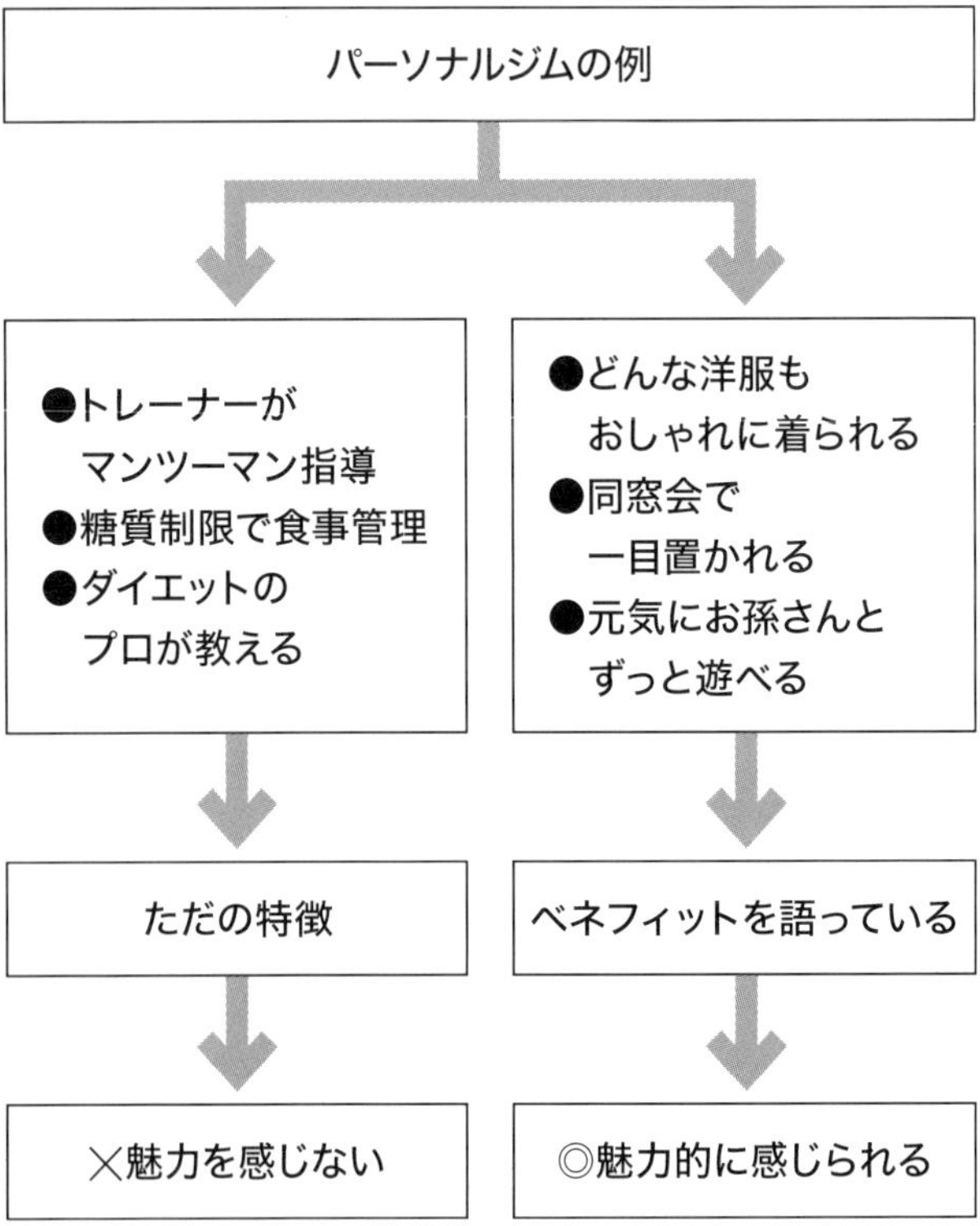
パーソナルジムの例
●トレーナーが
マンツーマン指導
●糖質制限で食事管理
●ダイエットの
プロが教える
●どんな洋服も
おしゃれに着られる
●同窓会で
一目置かれる
●元気にお孫さんと
ずっと遊べる
ただの特徴
ベネフィットを語っている
×魅力を感じない
◎魅力的に感じられる

Point

「こんな未来が得られます」と、
多くのベネフィットを語ろう!

第3章　フロント講座を開催しよう

「講座のつくり方」の基礎を知ろう

まずはリサーチからはじめる

講座をつくるとき、あなたはどこからはじめていますか？

わたしが講座をつくるときは、まずリサーチから行います。

前章でもお話ししましたが、ストアカの場合なら、ほかの講師の講座を見て、人気が出ているジャンルを探しましょう。

そして、ＹｏｕＴｕｂｅを見たり、購入した書籍を参考にしたりしながら、大まかな講座の内容をイメージして、構成を考えていきます。

このとき、内容によっては、実際にコンサルを受けることもあります。

大切なのは、実際に自分でもやってみること。ＹｏｕＴｕｂｅなどを見て、書籍を買って、実際にやってみる。

時間をかけて得た、知識や経験を土台に、講座をつくっていきましょう。

もちろん、ほかの人とまったく同じ講座を実施しても差別化できないので、自分ならではのアイデアで「ずらし」を入れていくことも欠かせません。

目的・ターゲットに合わせた全体像を決める

講座の内容を考える際、わたしマインドマップを使っています。

ここでは、まず「全体像」を描くことが大切です。

たとえばＴｗｉｔｔｅｒ集客講座をする場合、「コンサルへの誘導」というように、何につなげるのか、講座を実施する目的を決めます。

そして、その目的に沿った講座の構成、必要な説明項目や結論などを考えていきましょう。

たとえば、「コンサルへの誘導」をするための「フロント講座」の場合、対象は初心者が多いものです。ですから、

・Ｔｗｉｔｔｅｒの機能の紹介や使い方

・初期設定

などのポイントを話し、そのあとの講座集客につながるような具体的な話に入っていく形も考えられますね。

全体像を描くときは、幹となる「見出し」で、講座でかならず話さなければならない要素をひと通り出しましょう。

「見出し」をすべて出し終えたら、そこから詳しく説明する、枝葉にあたる部分を考えていく、という順番が大切です。

お客様に刺さる講座の紹介文を書く

お客様に刺さる講座文章をつくりながら、講座内容を明確にしていく

講座内容をつくる方法として、「講座の紹介文を書くこと」もおすすめです。
ストアカには講座の紹介文があるので、一度一気に書いてしまうといいでしょう。
一例として、わたしの講座の紹介文を載せています。
ぜひ参考にしてください。

［講座の紹介文の例］

Ｔｗｉｔｔｅｒ集客のやり方とビジネス活用がわからない方へ
Ｔｗｉｔｔｅｒから集客できていますか？

・「Ｔｗｉｔｔｅｒがいいよ」と聞いたけれど、活用がよくわからない…
・Ｔｗｉｔｔｅｒで、フォロワーの増やし方がわからない

・Ｔｗｉｔｔｅｒでは、どんな発信をしたらいいの？
・Ｔｗｉｔｔｅｒの機能や効果的な使い方が知りたい！
・ＩｎｓｔａｇｒａｍやＹｏｕＴｕｂｅ以外の、ＳＮＳ集客も強化したい！
・Ｔｗｉｔｔｅｒから、ストアカ・ＬＩＮＥへ集客したい！

そんなお悩みにすべてお答えする講座です！

◆Ｔｗｉｔｔｅｒ集客は超難関⁉

Ｔｗｉｔｔｅｒ集客は難しいと思っていませんか？

じつは、わたしもつい最近までそう思っていました…。

過去に2度Ｔｗｉｔｔｅｒ集客に挑戦しましたが、失敗の連続で、ビジネスにつなげることができなかったのです。

でも、絶対にあきらめたくなかったので、

「三度目の正直」

として一から学び直しました。

◆じつは、Ｔｗｉｔｔｅｒ集客が一番簡単だった…!?

Ｔｗｉｔｔｅｒの基礎から応用までをしっかりと学び実践した結果、10日目にフォロワー３００人、14日目にＬＩＮＥ登録９人、28日目には60万円のマネタイズに成功しました。

(※そのときのフォロワーは、たった３９２名でした)

いままで数々のＳＮＳに取り組んできましたが、最短で収益化することに成功したのです。

◆正しい運用が「命」

この経験からハッキリと断言します！

それは、

・やみくもに取り組んでも時間と労力の「ムダ」
・学ぶだけでなく、行動することが大事
・正しい運用を実践すれば確実に成果が出る

ということです。

プライベート発信なら、自己流でいいと思います。

しかし、ビジネスとして取り組んでいるのであれば、Ｔｗｉｔｔｅｒの活用をよく理解せずに実践するのは本当に時間のムダ…と、過去のわたしに言いたいです。

ストアカの生徒さまには、過去のわたしと同じようにムダな努力をしてほしくないと思っています。なので、わたしが「いま」実践している「最新のTwitter活用法」をこのたび、大公開します。

ただ、わたしはこの集客ノウハウを得るまでに多額の自己投資をしています。

（※FacebookやInstagramなど、ほかのSNS集客でも、成果を出しています）

いつまでストアカで、この集客ノウハウを公開するかわかりません。

ピンときたら、いますぐにご受講ください。

◆こんなことが学べます

・Twitterの機能紹介
・Twitterで集客する全体像
・集客につながる効果的なツイートの型
・Twitterの優良フォロワーの増やし方
・TwitterからLINEへザクザク集客する方法

・そのほかＴｗｉｔｔｅｒの小技テクニック7選
・運用開始初月に60万円を販売した、わたしの実例
・そのほか質疑応答ｅｔｃ．
あなたの挑戦を応援します！

（「【Ｔｗｉｔｔｅｒ集客】ツイッターのビジネス活用の全て！　集客・運用」より抜粋）

いかがでしょうか？
このように、講座の紹介文をつくる際は、
①「Ｔｗｉｔｔｅｒ集客のやり方とＴｗｉｔｔｅｒのビジネス活用がわからない方」に向けて行うと決める
②「正しい運用を実践すれば確実に成果が出る」「こんなことが学べます」といったことを紹介する
③「この講座を受けることで、何ができるようになっていくのか」を打ち出す
順序に沿って、紹介文を作成してみてください。このポイントをしっかり押さえることで、訴求力の高い講座紹介をつくることができるでしょう。

プロフィールのつくり方

持っているスキルや実績を細かく記入しよう

生徒側の立場からすると、

「同じお金を支払って教わるなら、スキルの高い講師やこれまでの指導経験が豊富な講師、多くの講座を開催して慣れている講師から教わりたい」

と思うものです。

プロフィールは、講座を探している人が、講師を見極めるためにじっくりと見ている、重要なものであることを意識しましょう。

ですから、たとえば

・いままでの活動経験、勤務実績
・過去のポートフォリオや作品の実績
・その分野を極めた経緯

といったことも細かく記入しておくと、講師の人柄やそれまでの背景を知ることができ、親近感や信頼度にもつながります。

経験や実績は、遠慮せずに、きちんと細かく記入することが大切です。

何の専門家なのかもわかったほうがいいので、可能な範囲で、数字で見せるようにしましょう。

ストーリーや親近感、共感も意識しよう

プロフィールには、ストーリーを載せ、親近感や共感を呼ぶという重要な役割があります。

たとえば、わたしの場合も
「自分も理学療法士なので、安心できた」

「同じような経歴だったので、興味を持った」

と言われたことも、少なくありません。

「同じ出身地だから」

という理由で受講してくれた人もいました。

人は境遇が似ている人に、共感しやすいところがあるので、共通点を見つけやすいように自己開示をする工夫が必要です。

スキルやノウハウだけでなく共感をして来てくれた人は、あなたに心を開いている状態なので、講座でも話を受け入れていただきやすくなります
例として、わたしのプロフィールを紹介しますので、ぜひ参考にしてみてください。

［図表４　プロフィールの例］

プロフィール

株式会社 Next R 代表取締役社長
いむ先生です。
SNS自動化マーケッター
元プロボクサー・理学療法士資格もあり

●ストアカ講師として実績多数●

✔15日後ゴールドバッチ獲得
✔47日後プラチナバッチ獲得
✔60日後全国講師ランキング1位(2冠)
↑22週連続更新
✔3ヶ月目 月間最多教えた人数743人
　　↑1ヶ月間で700名以上集客
✔12ヶ月目 教えた人数計6000人

・ダイエット
・筋トレ
・ストレッチ
・ファスティング
・ボクシング

さらに

・ネットビジネス
・LINEマーケティング
・SNS・インスタ・ストアカ
・起業・副業

セミナー6200回以上開催実績

プロボクサー12年
理学療法士11年
SNSビジネス7年

【私の過去】
✔高校中退後に理学療法士へ
✔いじめられっ子→プロボクサーへ
✔英語0で留学し英会話習得(TOEIC740)
✔コロナで借金300万→2年後、月300万稼ぐSNSマーケ社長へ

私の人生のテーマは✨挑戦✨です。

周りの挑戦も応援したいと想い、ストアカ講師デビュー。

あなたの挑戦を応援します！

（出典元：ストリートアカデミー）

講座タイトルのつけ方のコツ

「どんなレベルの人向けの講座なのか？」が明確であること

講座タイトルは、ひと目で生徒を惹きつけるものであることが重要なポイントです。

たとえ短いタイトルでも、ここでお話するポイントに気をつけることで、より魅力的なタイトルになりますよ。まずは講座のタイトルをつける前に、自分の講座内容や、ターゲットについてリサーチしておく必要があります。たとえば「英会話」というジャンル1つについても、

・初心者レベル
・日常会話ができるレベル
・ビジネスでも通用するレベル

…といった、さまざまなニーズがありますよね。

それらのキーワードがタイトルに入ることで、講座を探している生徒は自分が学びたいレベルの講座を選びやすくなります。つまり、自分の講座は、

・どんなレベルの人に参加してもらいたいものなのか
・自分がターゲットにしたい相手のニーズは何か

・どれくらいのボリュームをお伝えするのか

といったことの洗い出しが必要です。

わたしのレッスンは、「40代〜50代でダイエットしたい方」へ向けたものが多いので、そのようなキーワードで探してもらえるような講座タイトルにしています。

図表5のように、「ダイエット」で検索すると、わたしの講座が上位にきています。

このように、誰に講座を受けてもらいたいのかを明確にしておきましょう。

［図表5　講座タイトルの例］

（出典元：ストリートアカデミー）

「講座に参加することで何ができるようになるか」も明確にしよう

生徒が講座に参加する目的は、「何らかの学びを得ること」です。タイトルを見て「何ができるようになるのか」「どんな効果があるのか」といった、未来の自分が想像できれば、その講座に参加してみたいという気持ちがより一層高まるでしょう。そのためにも、具体的な数字を載せておいてください。たとえば、

「1日5分でできるようになる」

「たった10分でいまより身体が柔らかくなる」

「80％売上アップ」

といったものがあると、イメージがしやすく、わかりやすくなります。

ただ、あまりにも事実より誇張されているもの、まったく根拠がないものは、トラブルや低評価の元となります。その後、講座を継続してもらえなくなるので、注意が必要です。

一方、実際にしっかり計測したものや、平均値といった証拠のある数字を選べば、信頼につながるでしょう。

すでに、「ベネフィットを語る」ことの重要性はお話ししましたが、受講した生徒が講座を受けることで得られる未来をイメージできるようにすることは、とても大切なのです。

〔図表6　講座タイトルのつけ方のコツ〕

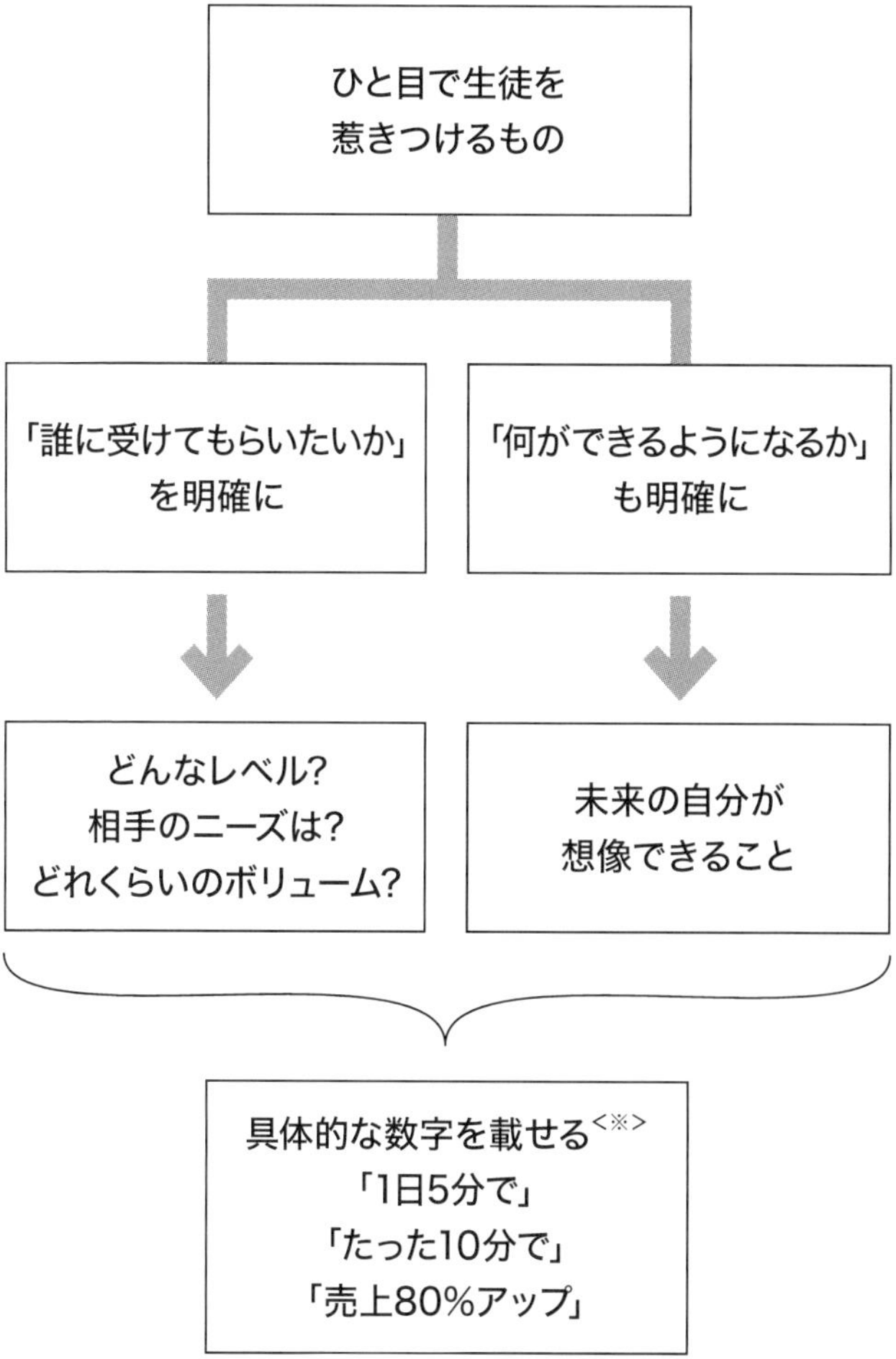
ひと目で生徒を
惹きつけるもの
「誰に受けてもらいたいか」
を明確に
「何ができるようになるか」
も明確に
どんなレベル?
相手のニーズは?
どれくらいのボリューム?
未来の自分が
想像できること
具体的な数字を載せる<※>
「1日5分で」
「たった10分で」
「売上80%アップ」

<※>誇張されたもの、根拠がないものはNG

講座サムネイルの考え方・つくり方を知ろう

講座の内容が伝わるような画像にする

ストアカでは、1つの講座につき3枚のサムネイルをアップすることができます。サムネイルの画像も、タイトルと同様に重要な役割を果たすので、ポイントを押さえてしっかりとつくりましょう。

まずは、講座の詳細を見てもらって予約につなげるためにも、どんなことが学べるのかがひと目でわかるよう、講座内容に合った画像を選ぶことをおすすめします。

人気の講座には、

- 講座と関連する画像を載せている
- 講師自身の顔写真がある
- イラストや手描きの文字が入ったデザインになっている

…といった傾向があります。

共通するのは、どれもシンプルかつわかりやすい画像であり、講座や講師の雰囲気も感じられることです。

なかには、文字を入れず、画像だけで掲載されているものもあり、それでも講座内容をうまく伝えられているのです。

なお、色の印象も大事ですので、画像は講座内容に合わせて、色味の編集をすることもおすすめします。

白いアイテムや植物が入った明るい写真は、清潔感やおしゃれ感を演出します。

また、あえてくすみやぼかしを入れれば、立体感や奥行きが出て、人目を引きやすくなるでしょう。

本ではモノクロになってはしまいますが、実際の例として、わたしの講座で使用した画像をご紹介します。

図表７は、ボクシングエクササイズレッスンで使用した、１枚目の画像です。

〔図表７　ボクササイズのサムネイル　１枚目〕

2枚目以降でさらに魅力を伝える

タイトルや1枚目の画像が気になった生徒は、講座の詳細を見るため、講座紹介ページに進みます。そのときに、2枚目、3枚目の画像でさらに魅力を伝えられると、予約につながりやすくなるでしょう。

たとえば実際に講座を開いたときの様子や、使った道具、ビフォーアフター、できあがった作品など、どんなことができるのか、どんなふうにやっているのかがわかる画像があれば、ぜひ載せてください。

受講した生徒の顔出し許可が出れば、講座の雰囲気を載せておくのもおすすめです。

わたしの場合、2枚目には1枚目の補足を入れています。具体的には、

「何が学べるか?」

「何が得られるか?」

「これを受けたらあなたはどうなるのか?」

といった内容です。

そして、3枚目には自分の実績載せる、これが基本のパターンです。

先ほどのボクシングの場合なら、1枚目は、ボクシングエクササイズレッスンの紹介。2枚目はレビュー、3枚目に講座の雰囲気を載せていました(図表8)。

〔図表８　ボクササイズのサムネイル２枚目（上）、３枚目（下）〕

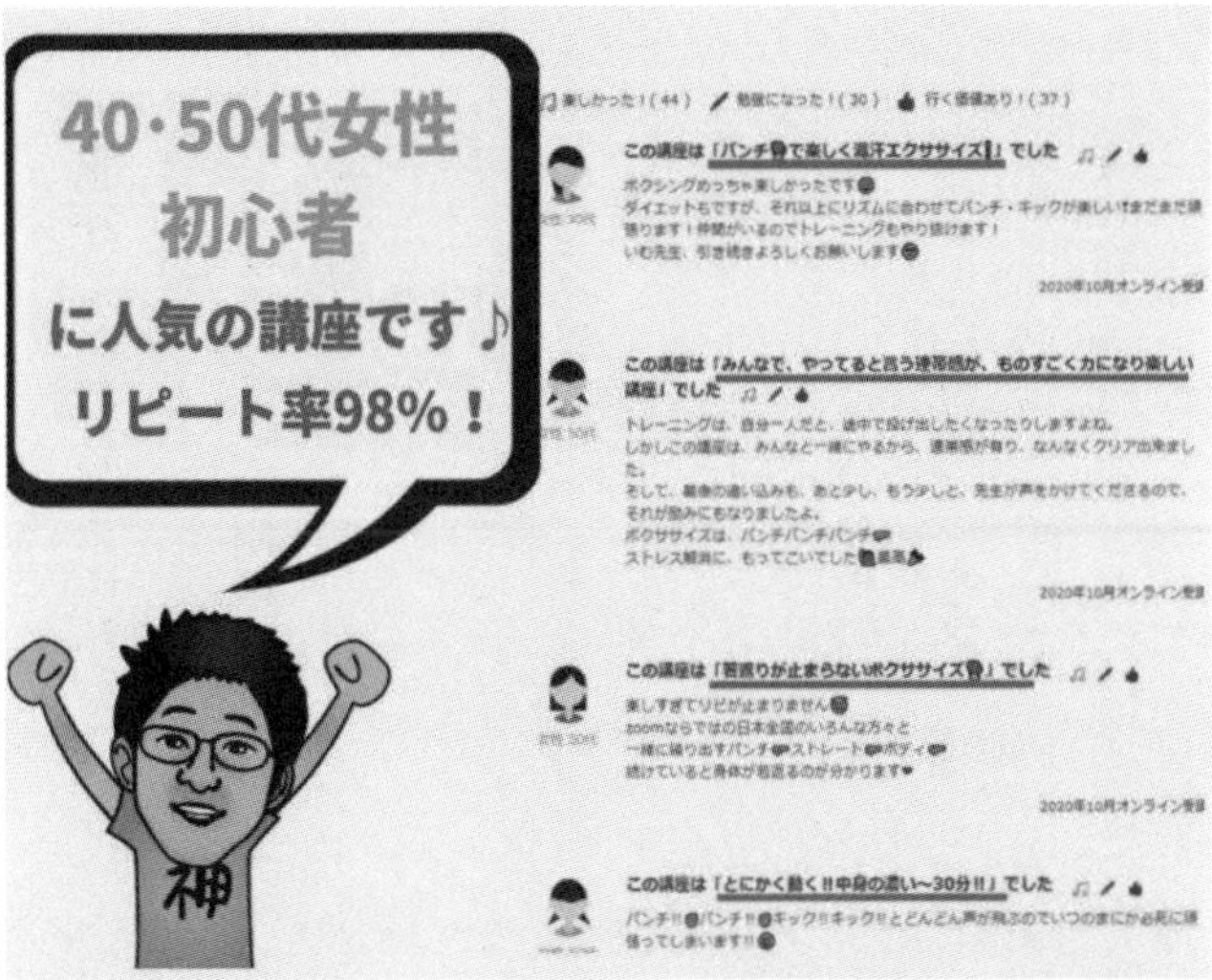

（出典元：ストリートアカデミー）

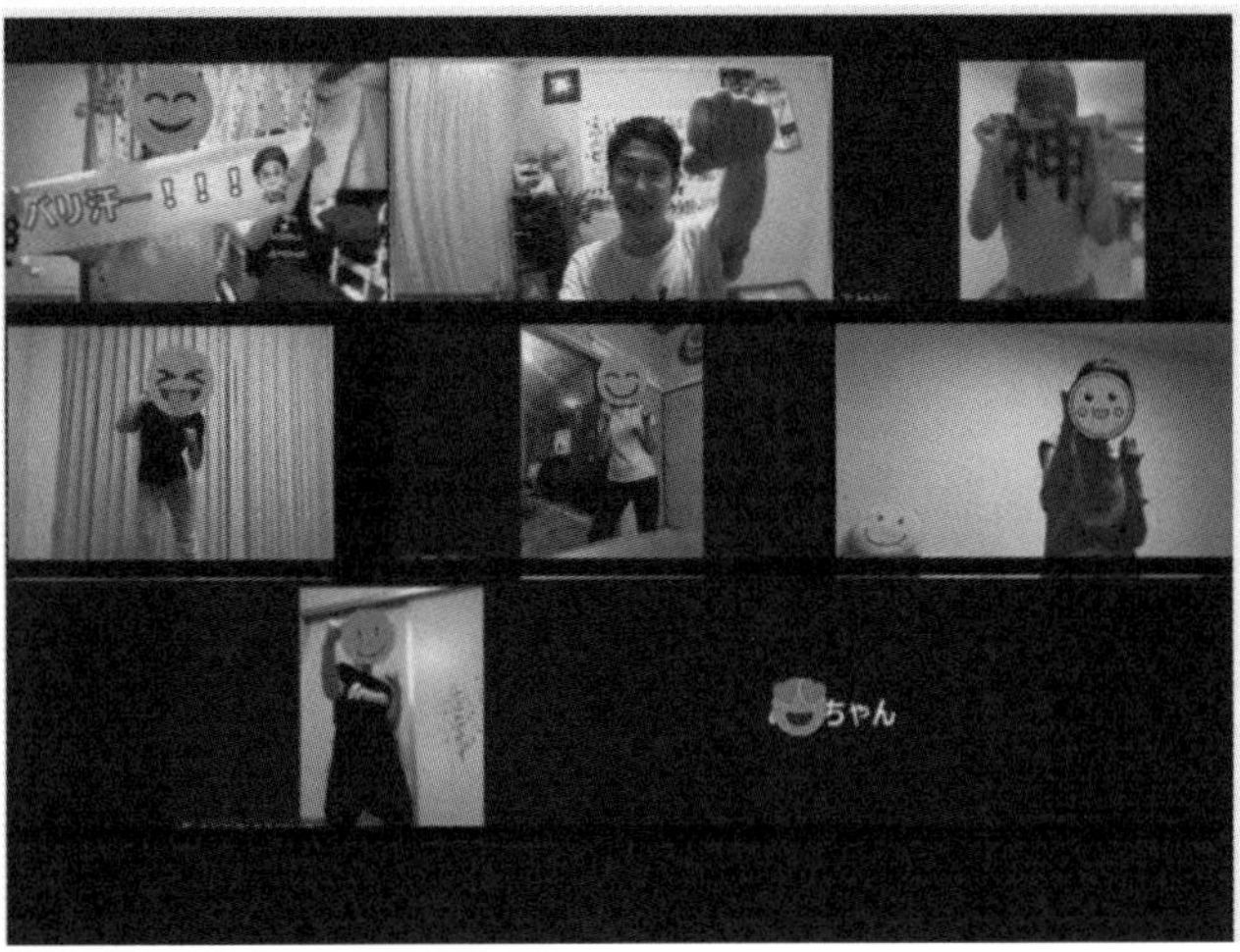

フロント講座でかならず伝えること　～冒頭～

ゴールの「バックエンド」を明確にしよう

フロント講座で大切なことは、リピートしてもらうこと、受講した生徒ユーザーをバックエンドへ誘導することです。

一例として、「月額サービス」に誘導したいのなら、

・Ｔｗｉｔｔｅｒの魅力を伝える
・最初に使い方をしっかりと教えて、「使えそうだな」と思ってもらう
・どのようなツイートをすればいいか、具体的なネタをお伝えする

…というように、生徒が「すぐにできる」と思えるようにすることが重要です。

そのうえで、

・Ｔｗｉｔｔｅｒには問題点がある
・Ｔｗｉｔｔｅｒは継続しなければダメなので、継続できる環境が必要

と伝えて、最終的に月額サービスへ誘導するような流れにする必要があります。

誘導することで、サブスクの利用や再受講、中級、上級へステップアップする「縦展開」、関連

講座を受講する「横展開」につながるのです。

ですから、まずフロント講座においては、どこへ誘導したいのかを自分のなかで明確にしておきましょう。

アドリブも組み込んで、冒頭で心をつかむ

ここからは、フロント講座に必要な要素をお話ししていきます。

わたしは、どのフロント講座もほぼ同じ流れで行っています。

まず、受講者とコミュニケーションを取りつつ、ニーズを汲み取ることも大切なこと。

冒頭で自己紹介をしたうえで、なぜ参加されたのか、いまの悩みは何か、そして今回の講座に期待することを、かならず聞くようにしています。

本題に入る前に、アドリブで講座のポイントを話すこともあります。たとえば、

「Ｔｗｉｔｔｅｒを学びたい人は、かならずと言っていいほどＬＩＮＥに興味があります。売上を上げたい人もたくさん来ています。そういう悩みがあるんですね」

と展開し、

「今日はＴｗｉｔｔｅｒのことが何でもわかるうえに、ＬＩＮＥに集客する方法もお伝えします」

と、ＬＩＮＥのレクチャーもすることをご案内します。そして、

「今日はTwitterですが、Instagramはやっていますか？　集客できていますか？」

と聞けば、まず多くの方が、できていませんと答えるのです。

そのうえで、

「これ、自動化できるんですよ」

と伝え、冒頭で講座内容の必要性をイメージさせておくことがとても重要です。

ですから、最初から複数の講座を用意するつもりでいたほうがいいでしょう。

聞いているほかの人も、自動集客をしているかと言われれば、できていない人からすると、「これも必要、あれも必要」と思うものだからです。

さらに、

「こんなお悩みをいただきます」

「わたしもそうでした…でも大丈夫、今日の話を聞けばちゃんと解決できます」

と、どの講座でもかならず共感を入れて、どんな人でもできる、わたしもできなかったけれどできるようになった、というようなことを伝え、本題に入っていきます。

ここまでが、講座の冒頭部分です。

フロント講座でかならず伝えること　～本題～

全体像を話し、基本的なことから応用へ入っていく

フロント講座の本題で、最初にかならず打ち出すのは、「講座の全体像」です。

「今日はこれを学びます。これが大事な原則なのですよ」

ということを最初に伝えておきましょう。

Ｔｗｉｔｔｅｒ集客講座なら

「今日はＴｗｉｔｔｅｒで集客する全体像・集客の５ステップのお話をします」

という具合です。

そして、たとえばＴｗｉｔｔｅｒを何のためにやっているのかを聞くといいでしょう。

集客を目的としている人がいるのですが、ＳＮＳはそこで集客をするのではなく、知ってもらい、仲良くなるための手段です。

売りたいと思っている人に、意識を変えてもらうために、目的の話をします。

そして必勝法則をお伝えして、ノウハウの話に入っていくのです。

わたしは、どのＳＮＳのフロント講座でも、初心者の方向けに、初期設定やプロフィールの設定

といった、ごく基本的なことをお伝えするようにしています。

まだアカウントをつくっていない生徒もいるので、名前のつくり方から教えています。ここでは、参考例もご紹介できるように、あらかじめ準備しておくといいでしょう。

この基本をお伝えしたあとで、具体的なノウハウを次々に伝えていきます。

たとえば、Ｔｗｉｔｔｅｒで人気になるためのおすすめツイート、ネタの考え方、ツイートが伸びる時間帯、ツイートを継続させるコツ、優良フォロワーの増やし方といったことを、目的を忘れさせないように、問いかけをはさみながら話していくのです。

悪い例も伝えることで、より伝わりやすくなる

「『ご飯をまだ食べてない』といったツイートは価値提供ではないからダメ」というように、悪い例を紹介するのも、大切なことの1つです。

意識したいのは、簡単なところからだんだんと応用編になっていくこと。そして、今日からすぐにできる実践的なことや、具体的なコツをお伝えすることです。

今日は何をする、明日は何をする、といった具体的なアクションをかならず見つけてもらえるように、すべての講座で心がけています。

とくにストアカのような講座サイトでは、とにかく価値提供をすることが不可欠です。そうでな

ければ、リピートをしてもらえないでしょう。いますぐ使える実践的なノウハウを伝えることで、価値の提供をすることを意識してくださいね。

「まとめ」を入れることで、いいレビューにつながる

講座の最後に、本日の「まとめ」をお話することもとても大切です。

なぜなら、「これを学ぶことができた」ということを最後にわかってもらうことで、レビューにいいことを書いてもらいやすくなるからです。

最後に、質問に答える機会を設けることも大切です。わたしの場合、とくに数を制限していませんが、ひとり１～２個ほどいただくようにしています。

そして、最初に聞いた受講前の悩みが受講にどう変わったのか、今日・明日から何をするか、といったことも講座のなかでかならず言ってもらうようにしています。

「いまお話しされたことを、よかったらレビューに書いてくださいね」

と、笑いながら、茶目っ気を出してお願いするのもおすすめです。

そして、最後の最後にもう一度、

「このようなＬＩＮＥの講座がありますが、興味はありますか？」

「どの講座に興味がありますか？」

と聞くことで、生徒は興味がある講座を答えてくれます。
これが、ほかの講座の受講につながることもあるので、ぜひ聞いてみるようにしてくださいね。

講座の時間は長すぎず、質問も適宜入れる

わたしの場合、講座は60分から75分で行っています。90分以上になると、長すぎて受講する人の負担になるかもしれないと感じるからです。

ほかのストアカの講師の方々を見ると、60分から90分、長ければ2時間の人もいます。

ワークの時間は、講師によっては取る人もいますが、わたしの場合はそれほど多くは取りません。その代わり、能動的に参加してもらうため、瞬発的に質問をして考えてもらうことは意識しています。ワークについては講師によって考え方が異なるので、あまり厳密に決めなくてもいいかもしれませんね。

数稽古で底力アップ　～6ヵ月以内に講座を最低15個つくる～

講座数を増やし、出会える可能性を高めよう

「6ヵ月以内に最低でも15個の講座をつくりましょう」

と言われて、

「そんなにつくれるのかな…？」

と思う人も多いでしょう。

たしかに、かなりのハイスピードで考えなければいけませんよね。

なぜこれだけの数を考えるのかと言うと、もちろん数稽古もありますが、講座は、幅広く広げたほうが、認知度が高まるからです。

講座は、リピートをしてもらうことが大切ですが、講座数が増えれば増えるほど、もう一度出会える可能性が広がります。

講座の種類が２個や３個であれば、そのなかでしか出会えないのですが、15個もあれば、出会える場所は格段に増えます。

ですから、講座はできる限り多くつくっておいたほうがいいでしょう。

実際には「15個」という決まりは設けていませんが、少ないよりも多いに越したことはありません。

ちなみに、わたしは年に50個以上つくっていて、わたしがコンサルをしている人たちも、10個から15個ほどはつくっています。

講座は、数を意識しましょう。

〔図表９　講座数を増やすメリット〕

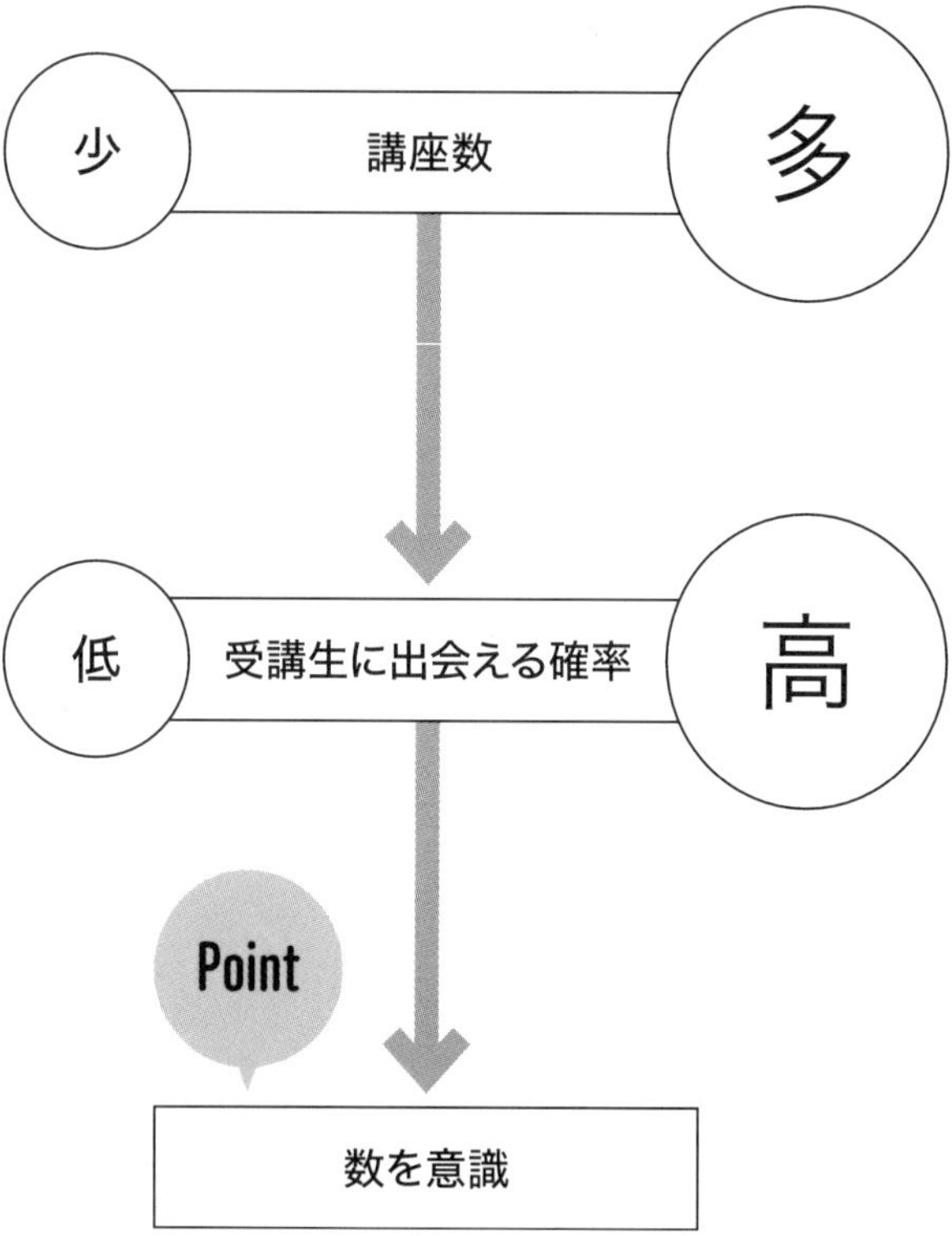

6ヵ月以内に最低でも15個の講座をつくろう!

第4章　売れる本命講座、連続講座のつくり方

本命講座のつくり方　～カスタマーサクセスモデル～

お客様の成功を最優先に、講座を考えよう

本章では、講師として成功していくために不可欠な、「本命講座」「連続講座」をどのようにつくっていくのかについて、お話しします。

成功するために絶対に外せないことは、「カスタマーサクセス」、つまりお客様が成功することを第一に考えることです。

人生において、悩み事が尽きることはありません。その悩んだ状態から、理想へ向かうかけ橋になるべきものが、講座のカリキュラムでしょう。

人気の講師は、例外なく、お客様の成功を最優先に考えています。そのためには、

「何があればお客様が成功できるのか」

といった成功要因を、きちんとすべて用意して、

「何があるから成功できないのか」

という失敗する要因も示せるようにすることが不可欠です。

まずは、あなたのお客様の成功要因が何なのかを、考えてみましょう。

具体的には、どのような人向けに、どのような講座を開催し、どのようになってほしいのかを考えてみることです。

きっと、何かが見つかるはずです

何よりも、カスタマーサクセスが第一。あなたのお客様が成功するように、本命講座をつくっていきましょう。

本命講座のつくり方　～ステップアップしやすいように～

個々の講座内容はコンパクトにする

本命講座をつくる際の２つ目のポイントは、お客様が確実にステップアップしていけるようなカリキュラムにすることです。

あまり遠すぎる目標を設定しても、挫折してしまう人は多いでしょう。階段は、低くしたほうが上りやすいですよね。

具体的な方法は、講座を最小単位で量産していくこと。

そのため、個々の講座の内容は、コンパクトで十分です。逆に、たくさん教えたいと思って、あれもこれもと盛り込んでしまうと、満足度が下がってしまうケースもあるでしょう。

実際、わたしも過去に、

「多すぎて、覚えきれません」

と言われてしまったことがありました。

最初は不安に感じるかもしれませんが、講座の内容はシンプルに、コンパクトにまとめたほうが喜ばれるものなのです。

伝える内容は絞る

重要なポイントは次の3つ。
・盛り込みすぎはNG
・最小単位の内容でOK
・多くなってきたら、分ける

目安として、1つの項目について10分ごとに分けるのもおすすめです。

小さい低い階段を上ったら次へ行くように、ハードルを低くしてあげましょう。

もっと伝えたいことがある場合は、「続きは後半で」という形にすれば、リピートにつながり、実績もアップしますよ。

本命講座のつくり方　～最初から完璧につくらない～

応用講座・中級以上の講座は、初級が売れてからつくろう

あなたは、最初から完璧な講座にしようと、つくり込みすぎてしまってはいませんか？

真面目な人や、責任感が強い人ほど、完璧な講座を目指してしまっているかもしれません。

もちろん、その気持ちはとても素晴らしいことです。

でも、いくら完璧に講座をつくったとしても、売れなければ時間のムダになってしまいます。

ですから最初は、ある程度大枠だけつくっておいて、売れたらもっと細かくつくり込んでいく…

という流れにするのがおすすめです。

たとえば、「ＬＩＮＥ公式」というテーマで講座をつくる際も、まず大項目だけを決めます。

(1)　なぜ、ＬＩＮＥ公式なのか
(2)　ＬＩＮＥ公式のはじめ方
(3)　ＬＩＮＥ公式の運用方法

ストアカの場合、(1)～(3)すべてを１つの講座で教えるよりも、(1)～(2)を初心者向け講座、(3)を応用講座として提供したほうが好まれ、人気も出やすくなりますよ。

また、応用講座をつくる場合は、初心者向け講座にニーズがあるとわかってからにしたほうがいいでしょう。

お客様をサポートしていくなかで多かった質問や、多くの人がつまずいている内容が出てきたら、そこではじめて細かく講座をつくっていけばいいのです。

そのためにも、お客様が悩んでいるポイントをなるべく早くつかめるようにしましょう。

質問として顕在化したお客様のお悩みポイントがあるのであれば、それを動画にして、講座をつくっていくのも1つの方法ですね。

グループコンサル（グルコン）の活用 ～横のつながりをつくる～

手厚いフォローには個別コンサル、グルコンは必須

フロント講座と本命講座との違いは何でしょうか？

本命講座は、フロント講座に比べて、「やり方」という点で、より具体的かつ真似できるノウハウを提供する場です。また、お客様をサポートし、ずっと続けられる環境、伴走するしくみを持っているかどうかも大きな違いでしょう。

とくにいまの時代、講座のように「1対多数」だけで個別の対応がほとんどない状態では、カス

タマーサクセスは難しいのではないでしょうか。

本命講座ではしくみをつくり、１人ひとりを手厚くフォローしていくようにしましょう。

具体的には、個別コンサルティング、グループコンサルティングを設けることがおすすめです。

生徒が続けやすい環境をつくろう

ダイエットプログラム講座を提供していると、だんだんと参加しなくなり、そのまま疎遠になる生徒ユーザーも少なくありません。

そんなとき、グループコンサル（以下グルコン）のように、同じようにダイエットに取り組んでいる人と集まる機会があれば、ほかの人の意見や進捗状況を聞くことが刺激になって、続けられる可能性が高まります。たとえば
「この１週間であなたができたことを書いてください」

ということで、何に時間を使ったのかを口頭、もしくはチャットでシェアしてもらうと、参加者同士、お互いにいい刺激になるのです。

そのため、わたしも積極的にグルコンを開催しています。

そこでノウハウをお伝えすることも目的の１つですが、その場に出て、ほかの人の状況やいまの自分の状況を知ることも、とても意味があることなのです。

グルコンで主に行っているのは、質疑応答タイムと、最新のトピックをお伝えすること。よくつまずくところを30分ほどの講座にして、残りの時間はその講座内容に関する質疑応答をお受けしています。

このようにグルコンを活用して、ぜひ受講生が「続けられる環境」をつくってくださいね。

「学び」「特典」の魅力で参加を促す

ある集客グルコンに向けた、個人面談の際にお話しする内容もご紹介しましょう。

2時間×6回で開催しているグルコンは、それなりの金額設定をしているので、そこで学べることや特典に納得していただけるよう、しっかりと明示しています。

たとえば「学べること」には、次のようなことを打ち出しています。

① 成功するためのマインドセット
② 最新Ｗｅｂマーケティングの考え方
③ ＳＮＳ集客ノウハウ
④ 勝手に予約が入るしくみ
⑤ 勝手に商品が売れるＬＩＮＥのしくみ化
⑥ 便利な最新ＩＴツール

⑦　自習で学べる動画カリキュラム
⑧　成功事例のモデリング方法

特典についても、一部ご紹介します。

・無制限個別チャットサポート
・優良外注先紹介
・90％オフで講座を受講する権利
・Ｆａｃｅｂｏｏｋ集客の奥義
…まだまだありますが、このように、特典はできるだけ多くするように心がけています。

また、金額を明示することも、有効なポイントです。

グルコンの料金体系は割愛しますが、特典内容の見込み額と比較しても、お得感のある設定になっているはずです。

ここでお伝えした「学べること」や「特典」は、個別相談に来た人に向けて行っているプレゼン内容の一部です。

このあと、本命商品の1つである「グループコンサル」をご案内するための個別相談の「キモ」についてもお話していきましょう。

個別相談の「キモ」を押さえる

「相場よりも安い」と感じてもらう

個別相談の「キモ」は、前項でお話しした通り、本命講座で何をするのかをすべて出すことと、特典をしっかりお伝えすること…の2点です。

メニューのパターンも、たとえば「松竹梅」のようなイメージで、いくつかグレードを用意しておきましょう。

本命講座の価格設定はとくに大切なので、相場よりも安くて、とてもお得だと感じてもらえるような内容と金額に設定してください。

また、特典が定価では「●円相当」だと伝えたあとに、本命講座の金額を出すと一層お得感が増します。

「本来はこの金額ですが、特別価格ということでこの金額にしました」

というような伝え方も、集客では重要なポイントになりますよ。

ここで、同業他社の相場を言うのも有効です。

わたし自身も

「この講座でこの金額はとても安価ですね」

と言われますが、このように、いかにお得に見えるかにも気を配りましょう。

お得感を出すことは、ゆくゆくは、講座の満足度にもつながっていくのです。

投資回収の意識を持ってもらう

講座を受講するお客様には、投資回収のイメージを持ってもらうことも大切です。

ビジネスを成功させるためには、投資は絶対に必要なもの。でも、ただ学んだまま、投資回収できないのはもったいないことですよね。

「月15万円ストアカで売り上げたら、3ヵ月で回収」

「プラス10万円で、利益が出ます。月30万円ストアカで売り上げたら、1ヵ月で回収」

「20万円の商品を1年間で2つ販売できたら、5万円の利益が出る」

というように、実際の実績などもお伝えできるようにしておき、複数の投資回収のパターンを見てもらいましょう。

共感を得て、理想のライフスタイルの実現を一緒に目指す

そして最後に、「WHY（なぜいまの仕事をしているのか?）」という自分の想いについてもお話

していきましょう。

たとえば、わたし自身の例でお話すると、

「コロナで人生が行き詰まったところでわたしの人生を救ってくれたのが、オンラインビジネスやストアカだった。わたしと同じような境遇の人を、サポートしたい。一緒に笑って過ごせる仲間がほしい」

…ということをいつもお伝えしています。ここは、決まりも、正解や不正解もありません。

自分の思うところを、素直に書くのがいいでしょう。そして最後に、

「理想のライフスタイルを実現しませんか?」

と結びます。

なお、わたしの個別コンサルをご案内する場合の個別相談も、基本的には同じスクリプトです。

ぜひ参考にしてください。

リピート戦略

「成功」に目を向けることで、講座は派生して生まれる

ストアカも、それ以外のプラットフォームも、個人的に開催する講座でも、売上を伸ばすために

は、生徒の「リピート」が欠かせません。

ですから、リピートをしてもらうための講座設計が、とても大切なポイントなのです。

リピートをしてもらうためのポイントは、大きく2つあります。

1つ目は、お客様目線で講座をつくっていくこと。

まさに、お客様の成功、つまりカスタマーサクセスを大切にする、ということです。

たとえば、LINE集客講座を受けに来た人が求めている成功は、ただLINEを学ぶのではなく、「LINEを使って売上を上げること」ではないでしょうか。

売上を上げるために、LINEのことがわかったとします。

でも、売上を上げるための要素は、これだけではありませんよね。

LINEの手前のInstagramやFacebookから集客しなければならないので、結局はInstagramやFacebookの講座が必要になります。

また、LINEの使い方がわかっても、メッセージライティングがうまくなければ、いくらLINEが使えるようになっても、予約は入りません。

そうすると、コピーライティングの講座のニーズもあることがわかります。

つまり、「ビジネスで売上を上げる」という成功をサポートする講座を並べておけば、LINEだけでなく、Instagramやライティングも学んでもらえるようになるのです。

お客様の成功を考えたうえで、横に講座を並べていくように、講座を設計しましょう。

この場合、お客様ご自身に、

「わたしにはＩｎｓｔａｇｒａｍの学びも必要なんだ！」

「わたしはライティングを学ばないといけない！」

といった気づきを与えることも、重要です。

お客様が自分で追加講座を受けたほうがいいと気づくことで、「無理やり押し売りされた感」もなくなるはずです。

「あなたには、この講座がいいですよ」

と言うのではなく、

「あなたはどんな状況ですか？　何が必要ですか？」

と質問をしながら、相手に気づきを与えていきましょう。

お客様の成長で、レベルアップ講座へのリピートにつながる

リピートをしてもらうためには、先ほどのように「横へ」行ってもらうのに加えて、「縦に」上がってもらうことも大切です（図表10）。

たとえば、ダイエット講座でわたしがよく行っているのは、運動初級編・中級編・上級編、といっ

たような、レベルアップした講座を設けることです。

ＨＩＩＴという有酸素運動をご存じでしょうか？　健康になりたい、体力をつけたい、という目標がある運動初級者の方は、まずはＨＩＩＴの20分コースからスタートします。

次に、体力がついてきたら、脂肪燃焼効果が大きい40分コースで学んでいただき、そしてもっと脂肪が燃える60分コースに進んでもらう。

これが、「縦に」上がってもらうリピート戦略です。気づきを与えて横に行ってもらうパターン、レベルアップして縦に上ってもらうパターン、この２つのパターンを意識して、さまざまな講座を組み立ててみましょう。

きっとお客様にも喜ばれ、リピートが増えていくはずです。

〔図表 10　リピートをしてもらうために〕

縦展開

↓

<例>
●初級
↓
●中級
↓
●上級
へレベルアップ

横展開

↓

<例>
LINE講座
↓
①SNS講座
(Instagram、
Facebook)
②メッセージ
ライティング講座
などへ展開

Point

「カスタマーサクセス」を大切にして、講座を設計しよう!

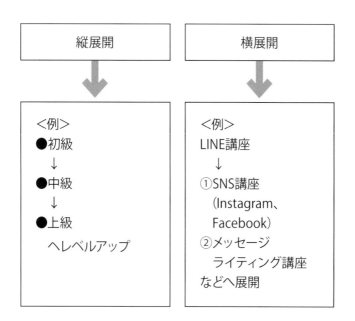

第5章　講座ビジネスをさらに発展させる（ストアカの機能紹介）

講座サイトをさらに活用する　～「受けたい」登録～

登録によって、生徒が人気講座を受講するチャンスを得られる

ストアカは、講座ビジネスを行っていくために、メインで活用したいプラットフォームです。

講座ビジネスを発展させるためにも、ストアカのおすすめの機能を紹介します。

まずは、『受けたい』登録」です。これは、

・日程が合わない
・受講の予約をしようか迷っている
・満席になってしまっているけれども、受講したい

といった講座について、生徒がブックマークのように気軽に登録できます。

すぐに満席になる人気講座を受講できるチャンスが広がる、とても便利な機能です。

登録することで、生徒ユーザーには、

・該当の講座の新たな日程が公開されると、ストアカから通知される
・講師に受講の希望が通知されることで、追加の開催を促すことができる
・講師から、次回の開催予定などのお知らせを受信できることがある

…といったメリットがあります。

なお、登録によって、個人情報が講師へ通知されることはありません。

講師にとっても「受けたい」登録を活用するメリットが大きい

講師の講座に興味を持った生徒ユーザーが受けたい登録をすると、講師宛てに通知が届きます。

どの生徒ユーザーが登録をしたのかまではわかりませんが、講師の講座メニューに受けたい登録をしている人数が表示されます。

受けたい登録がされることによる、講師へのメリットには、

- 講座に興味がある人数がわかるため、改善のヒントになる
- 新しい日程を公開すると、自動的に受けたい登録をしている人に通知される
- お知らせ配信から一括で「お知らせ通知」を送ることができる

…といったものがあります。

登録が少なければもっと生徒ユーザーに訴求する講座を考えるきっかけになり、もし受講希望が多すぎる場合には開催数を増やすかどうか検討する材料になるでしょう。

なお、受けたい登録をしている生徒ユーザーへ個別にメッセージを送ることはできませんが、登録をしている人たちに対して一括で、自由文によるメッセージを送ることが可能です。

一度送信したあとで新規に登録した生徒ユーザーへメッセージを送りたい場合は、オプション設定で、一度配信した宛先を除外することもできます。

受講を迷っているために、受けたい登録をしている生徒ユーザーも少なくありません。メッセージを送ることで予約につながるケースが多いので、ぜひメッセージを送るようにしましょう。

講座サイトをさらに活用する　～優待割引の設定～

優待割引で、受講料の割引や減額ができる

ストアカには「優待割引」という制度があります。

これは、講師側が受講料を「10％オフ」「５００円割引」と設定し、特定の人に配布することができる制度です。

優待割引の配布は、ストアカのメッセージ機能で行えるのはもちろん、ＬＩＮＥやＦａｃｅｂｏｏｋ、ＴｗｉｔｔｅｒなどのＳＮＳで行うこともできます。

優待割引は、たくさん受講してくれているリピーターに配布してもいいですし、たとえばＦａｃｅｂｏｏｋの人限定で割引をする、といった形で使うのもいいでしょう。

割引率は、10％刻みで10％～90％の間で設定することができます。

また、有効期限を決めることも可能なので、とても自由に活用することができるのです。

優待割引を集客に活用しよう

優待割引を使う、使わないは、講師の自由です。

わたしも、正直に言えば、あまり使っているわけではありません。

わたしが使う場合は、「何かのランキングで1位になった」、「受講者数が1万人を超えた」といったことへの感謝と銘打って、イベントに活用しています。

ほかには、万が一予約が入りにくいときに、何らかの理由をつけて集客目的のために使うのもいいでしょう。

新規の生徒募集やリピート促進の販促ツールとしても有効なので、活用する価値は大いにあると言えますね。

講座サイトをさらに活用する　～購入者向けお知らせ配信～

受講歴のある生徒へのメッセージ送信で、再受講の案内などができる

ストアカの「お知らせ配信」には、２つの機能があります。

1つは、本章の最初にご紹介した、受けたい登録をした人に向けたメッセージ。

そして、もう1つの機能が、過去に受講した生徒ユーザーへのメッセージ送信です。

この2つの違いは、受けたい登録をした人への配信が「見込客」に対するものなのに対し、後者は「購入者リスト」に基づく配信であることです。

講座へ参加してくれた生徒ユーザーは、すでに購入してくれた大切な存在ですから、後者のお知らせ配信は、とても重要なものと言えるでしょう。

わたしも、どちらかと言えば、過去の購入者向けのお知らせ配信をメインに使っています。

「タグ」を活用してメッセージの送信対象を絞り込もう

この購入者向けお知らせ配信の便利なところは、メッセージの一斉送信だけではなく、生徒ユーザーに付与した「タグ」から絞り込んで、メッセージを送れる点です。

たとえばわたしの場合、ダイエット講座系の講座と、ビジネス系の講座を開催しているので、講座のご案内を送るときには対象を分ける必要があります。

過去ダイエット講座を受けた人に、ビジネス系講座のご案内を送ってもミスマッチになってしまうので、配信対象を絞り込める機能はとても重宝しています。

また、ストアカでは講師同士の交流もあるので、講師に向けたメッセージ送信をしたいときに、講師のタグで絞り込めるのも便利です。

購入者向けのお知らせ配信は、長期間受講がない生徒ユーザーに受講のお誘いをするときや、初級講座を受講した生徒ユーザーに中級、上級向け講座のご案内を送るなど、リピーターの獲得にも有効な機能と言えるでしょう。

トラブル時の対応

ストアカ運営事務局のトラブル対応は充実している

ストアカでは、これまで大きなトラブルは起こっていません。

それは、運営事務局が厳格に管理を行っているからです。

使い方でわからないことがあったときでも、メールで質問できるように、しっかりとしたフォロー体制ができています。

ですから、もし生徒ユーザーとの間で何らかのトラブルが発生した場合は、ストアカ運営事務局に連絡すれば相談に乗ってもらえます。

決して1人で抱え込む必要はありません。事が大きくなる前に、相談しましょう。

安心して活用できるのが、ストアカの大きな利点でもあるのです。

講座サイトの新しい流れに乗る　～時間制相談～

「時間制相談」のリリースで、ストアカでのコンサルや相談が可能に

ストアカでは、講師が持つ知識や経験、スキルを生徒ユーザーにレクチャーすることに限定されていました。コンサルや相談は、基本的にＮＧだったのです。

でも、２０２１年10月から、多様な学びのニーズに応えるべく、講師がきめ細やかな対応ができるように、「時間制相談」などの機能がリリースされました。

時間制相談を簡単に言えば、「講師の時間を30分単位で売ることができるサービス」です。

講座のような、レッスンの内容を提示して参加者を募集する方式に対して、生徒が講師に時間単位で相談することができます。

新機能のリリースによって、従来の講師がレクチャーをする「学び」に加え、生徒ユーザーが希望する内容を講師に依頼する、新しい学びがはじまったのです。

時間制相談により、生徒への価値提供、ファン化につなげやすくなった

時間制相談でわかりやすい例が、「占い」でしょう。

従来は占い師が「占いの仕方」を講座でレクチャーすることはできましたが、占い・鑑定サービスを講座で行うことはできなかったのです。

それが、時間制相談を利用すれば、講師の鑑定スキルを活用したアドバイスの提供が可能となりました。

つまり、オンラインで悩み相談を受けたり、カウンセリングを提供したりすることもできますし、講座を受講した生徒へのフォローアップとして質問を受け付けたりアドバイスをすることもできるようになったのです。

これを活用して、講師が持つキャリアや経験をより活かし、生徒にさらなる価値を提供することはもちろん、信頼を高めてファンを増やすことにもつなげていきましょう。

講座サイトの新しい流れに乗る　～月額サービス～

「シルバーバッジ」以上の講師は、月額サービスを利用できる

ストアカの「月額サービス」は、月会費を自動的に徴収できる、課金予約システムです。

ストアカ講座で出会った生徒に、継続的なサービスを提供することができます。たとえば、

・月額会費制のコミュニティーやサークル

・月謝制の教室やスクール
・単発講座のあとの本格指導プログラム
・単発講座のあとのアフターフォロー
・個人向けのコンサルティングやコーチング
…を提供することができるのです。

なお、月額サービスを利用できるのは「シルバーバッジ」以上の講師に限定されています(2023年3月現在)。

月額サービスにより、リーズナブルに受講できる可能性が増した

わたしの場合、筋トレのレッスンを月額サービスで開催しています。

たとえば、一度の参加で1000円かかるところ、月額サービスに加入すれば、月30日間すべてに参加しても9800円しかいただきません。

参加する回数や講師の価格設定にもよりますが、単発の講座よりリーズナブルに講座やレッスンを体験できるのが、生徒ユーザーから見た月額サービスのメリットと言えます。

また、講師やほかの参加者とのオンライン上での交流を楽しめることも、メリットですね。

月額サービスは、オンラインコミュニティーづくりにも活用できる

講師が月額サービスを利用するメリットは、提供したいサービスの形式やコンテンツを柔軟に選択し、自分に合ったサービスを簡単に作成できることです。

講座だけではなくサロンやサークルといったコミュニティーづくりにも活用できます。

オンラインサロンを自分でゼロからつくるよりも、手軽に、簡単につくることができるところもメリットです。

ストアカが集客を手伝ってくれるのも、とても心強いところでしょう。

オンラインコミュニティーの運営に慣れていない人には、とても取り入れやすいしくみなのではないでしょうか。さらに、単発講座のあとのフォローに活用すれば、収益方法のさらなる多様化が可能となります。

講座ビジネスの成功事例

ストアカは、講師として集客したい人におすすめ

ここからは、実際に、わたしのビジネス講座を受講して、経営がうまくいくようになった方々の声をご紹介していきましょう。

ストアカに取り組んでみて、とてもよかったことが2つあります。

まず、自分のつくった講座が売れるか売れないか、すぐにテストマーケティングできること。

そして、講座が売れると、ストアカからも講座集客していただけるようになることです。

わたし自身は、「Tiktok集客セミナー」という講座を広告メインで集客してきましたが、ストアカを活用して1ヵ月も経たずに、ストアカ内でお申し込みが入るようになりました。

講師で、これから講座をどんどん集客していきたいという方には、ストアカはおすすめです。


「短期間で成果につながった！」

いむ先生は、どのような講座がストアカ内で人気があるかを熟知されているので、
・ストアカ内での講座の打ち出し方
・プロフィールのつくり方
といった実践的な方法のアドバイスや、リピートにつながる流れも詳しく教えていただいたことで、短期間で成果につなげることができたと感じます。先生には本当に感謝しています。

料理教室のリピート、SNSを活用したファンづくりに成功

コロナ禍で、なかなか人と対面で会えなくなったため、空き時間に何かできないかと思い、オン

ラインで料理教室をはじめました。

先生から学びながら、まず自分の講座を受講したいと思ってもらえるような講座内容、講座ページのつくり方を見直していったところ、受講された方が次々とリピートしてくれたのです。

さらに、ファンになってもらうには何が必要なのかを考え、コミュニケーションの取り方や、しくみのつくり方を学びながら実践。

ＳＮＳを活用したファンづくりや集客も実践したところ、大きな反響がありました。

わかりやすい教えで、Ｆａｃｅｂｏｏｋの「いいね！」が急増

Ｆａｃｅｂｏｏｋを活用したファンづくりから行う宣伝・告知は、思った以上に反響がありました。Ｆａｃｅｂｏｏｋでの友だちのつくり方、効果的な投稿の仕方、Ｆａｃｅｂｏｏｋページの活用の仕方など、知らなかったことばかりでしたが、１つひとつわかりやすく教えていただき、実践した成果です。

以前は投稿しても１００もなかった「いいね！」の数が、実践後は５００～８００ほど常につくようになり、そのなかからわたしの講座に参加してくれる方も増えました。

やはり、効果の出るやり方を知っている人から学んだうえで取り組むのと、自分なりに取り組むのとでは、結果に大きな違いが出るのだと実感しています。

〔図表 11　講座ビジネスが成功した例〕

●講座の打ち出し方 ●売れるプロフィール ●リピートにつながる流れ を意識	短期間で成果!
●受講したくなる講座づくり ●売れる講座ページのつくり方 ●SNSを活用したファンづくり を習得	大きな反響やリピートに!
●Facebookでの友だちのつくり方 ●効果的な投稿 ●Facebookページの効果的な活用 を実践	Facebookの「いいね」が100から800に!

おかげさまで、ビジネス講座をきっかけに
たくさんの方が大きな成果をあげています!

第6章　LINEやSNSで集客しよう

「自己集客」の大きな流れ

ゼロからの集客には、SNSを駆使して「自己集客」を

講座をつくっても、受講者が集まらなければ開催はできません。

まずは、わたしが行っている集客の大きな流れからお伝えしましょう。

わたしも最初のうちは、ストアカ上に講座をアップしても、なかなか予約が入ってきませんでした。ここで、よほど講座のコンセプトが当たって、世間のニーズをとらえられていなければ、予約は入ってこないのだと実感しました。

ですから、最初は「自己集客」、つまり、自身のSNSを使っての集客も重要なのです。

そこでわたしが活用したのが、FacebookとInstagramでした。

FacebookとInstagramを使ってLINEへ集客し、LINEの公式アカウントから、ストアカで行っている講座を案内したのです。

もちろん、FacebookやInstagramにもストアカのリンクを貼って、講座の案内もしていました。

これが、ストアカで講師をはじめたときの、全体的な大まかな流れです。

実績を重ねれば、ストアカ内で新規集客ができるようになる

ＳＮＳから集客をしなくても、実績を重ねるにつれてストアカ内のランクが上がり、ＳＮＳを使わなくてもストアカから新規客が入ってくる流れになっていきます。

わたしもいまは新たな講座をつくったときに、ＬＩＮＥで案内する程度で十分です。

ただ、講師デビューをしたばかりの人たちには、自己集客を強くおすすめします。

それは、わたしが短期間で上位にランクインできたのは、自己集客を行ったからです。

ぜひ、ストアカ内での集客と自己集客の両方を試して、自分に合った方法を探してみてください。

主要なＳＮＳを使った集客例

ＳＮＳからＬＩＮＥへ誘導する

先ほどもお話したように、ストアカで講師デビューをしたら、まずＳＮＳを活用した自己集客を行いましょう。

わたしの場合、主にＦａｃｅｂｏｏｋを使いましたが、とくにライブ配信に力を入れていました。

そして、ライブを行ったことで、お客様とコミュニケーションを取ったり、仲良くなったりすることができたのです。ライブは、ぜひ活用してみてください。

Ｉｎｓｔａｇｒａｍであれば、ストーリーズを使って講座の案内をしたりＬＩＮＥのプレゼントをお渡ししたりすることで、ＬＩＮＥへ誘導することが可能です。そのあと、ＬＩＮＥでワクワクするようなメッセージを送り、募集をかけていきましょう。

ＬＩＮＥ経由で募集をかけるのがおすすめ

ＬＩＮＥというＳＮＳは、信頼関係を構築することに長けています。

ＬＩＮＥで信頼関係を深めて、ティーザー（意図的に商品の要素を出さないことにより、消費者の注目を集めることを目的としたプロモーション）という手法を行いましょう。

たとえば、

「○月×日に向けて、このような講座をつくっています。楽しみにしていてくださいね！」

「いよいよ、明日から募集します！」

といったメッセージを送るのもおすすめです。ワクワク感を出して、お客様に、講座を受けたくなる気持ちになってもらうことが大切なのです。

ＬＩＮＥメッセージの既読率が高いことも、ＬＩＮＥを経由する大きな理由の1つです。

もちろん、稀にＦａｃｅｂｏｏｋから講座への申し込みが入ることもありますが、これまでの経験上、大半がＬＩＮＥ経由のものでした。

つまり、いまＳＮＳで集客するためには、ＬＩＮＥの活用が欠かせないということです。

このあとは、そのＬＩＮＥによる集客のポイントについても、詳しくお話していきましょう。

ＬＩＮＥの活用法　～ＬＩＮＥ公式アカウントを知ろう～

LINEのビジネス活用法は、まだあまり知られていない

友人や仕事関係の人への連絡手段として、ほとんどの人が使っているＬＩＮＥですが、ビジネス活用に関しては、

「人から『ＬＩＮＥがいい』とすすめられて何となくはじめたけれど、放置状態になっている…」

「ＬＩＮＥで配信しても反応がなく、どうすればいいかわからない」

「ＬＩＮＥでマネタイズできるイメージがわかない」

「ＬＩＮＥのお友だちの増やし方がわからない」

と思っている人も、多いのではないでしょうか？

また、そのほかにも
「ＬＩＮＥをどう活用すればいいかがわからない」

「せっかく配信してもブロックされてしまう」

といった悩みを抱えている人も大勢いるでしょう。

でも、ＬＩＮＥの機能を理解して正しく使いこなせば、売上アップにつながっていくのです。

いまさら聞けない「ＬＩＮＥ公式アカウント」

ＬＩＮＥ公式アカウントは、企業や店舗がＬＩＮＥを通じて、ＬＩＮＥユーザーとコミュニケーションを取ることができるサービスです。

月額固定費が無料の「フリープラン」と、月５０００円の「ライトプラン」、１万５０００円の「スタンダードプラン」の２つの有料のプランがあります。

無料と有料の違いは、１カ月あたりに送れるメッセージ数の違いです。

フリープランは２００通、ライトプランは５０００通、スタンダードプランは３万通となっています（２０２３年６月から、このように料金改定）。

ＬＩＮＥの活用法　～ＬＩＮＥで売上アップ～

ＬＩＮＥ売上をアップする方程式

ＬＩＮＥには、売上をアップするための方程式があることをご存じですか？

それは、「売上＝友だち数×反応（クリック）率×商品単価」です。

ＬＩＮＥで売上アップをしたいなら、この方程式に当てはめて考えていきましょう。

つまり、友だちは１００人よりも１０００人。クリック率は１％より２％、単価は１０００円より２０００円のほうが、売上がアップするということです。

配信内容を変えて、反応率を上げよう

「友だち数・反応（クリック）率・商品単価」という３つの要素のなかで、講師がすぐに取り組めるのは、「反応率」でしょう。

この反応率を上げるためにおすすめなのが、配信内容を変えることです。

あなたは、どのようなときにＬＩＮＥを使いますか？

友人や家族と「連絡をするとき」ですよね。

そもそもＬＩＮＥは、コミュニケーションツールです。

「反応をもらうために配信をする」ということを忘れないことが、大前提なのです。

反応を上げるためのおすすめの配信として、「アンケート・質問・クイズ」といったものがあげられます。

ぜひ、配信にこれらのものを加えていきましょう。

読みやすさも工夫していく

もう1つ、アドバイスをします。

メッセージをもらったとき、長文と短文、どちらが読みやすいでしょうか？

もちろん、長文で送るよりも、短文で送ったほうが、売上につながりやすいですよね。

これは個人的な見解ですが、基本は「1メッセージ、1画面内」に収まるように、目安にするのもおすすめです。そして、返信が来たら、悩みを聞いたり、ほしいものを探って解決策を提示したりすることが大切です。その解決策が、「商品」につながっていくでしょう。

配信数は、月4〜8回が目安。あまり配信回数が多いとブロックされる可能性が上がります。

でも、そうは言っても、ブロック率0％がいいというわけでもありません。

0％ということは、誰にも反応をされていない証拠です。

メッセージを届けたい人に送れば、一定数ブロックはされるものですから、ブロック率30％前後を目標にするといいでしょう。

SNSで「友だち」を増やそう

先ほどの方程式に立ち返ると、「友だち」を増やすことも、売上につながりますよね。

LINEで友だちを増やすには、無料で増やす方法と、広告を回して有料で増やす方法があります。できるなら、無料で友だちを増やしたいところですよね。まずは、無料で「１００人」まで増やしましょう。１００人を目標にすると、お客様の反応が出てくるからです。

無料で増やす方法には、Ｆａｃｅｂｏｏｋ、Ｉｎｓｔａｇｒａｍ、ＴｗｉｔｔｅｒといったＳＮＳ、Ｋｉｎｄｌｅ電子出版、オフラインなどが考えられます。

まずは、ＳＮＳで友だちを増やしていきましょう。

・無料プレゼントを用意する
・相手が喜ぶメリットを提示する

…といった方法を活用するのも1つの手ですね。そのほかに、わたしは主に、Ｆａｃｅｂｏｏｋライブで友だちを増やしています。ライブの活用はとくにおすすめです。

タイムラインを活用し、「プル型」で友だちを増やす

ＦａｃｅｂｏｏｋなどのＳＮＳと同じように、ＬＩＮＥにもタイムラインがあるのを知っていますか？　タイムラインを見ている人は意外に多いので、活用しない手はありません。

メッセージの一斉配信が「プッシュ型」なら、タイムラインは「プル型」です。

メッセージ配信は、見てほしいタイミングで配信できる利点がある一方で、送りすぎると嫌がられてしまうデメリットもあります。

一方でタイムラインは、見てくれる人は決して多くはありませんが、ほかのユーザーと気軽にコミュニケーションが取れる方法でもあります。

「友だち」以外にもアプローチしやすく、高頻度で投稿してもイヤがられない、無料でいくらでも投稿できる、といったメリットがあるのです。

毎日投稿できて、細かい情報発信もできるため、お客様にファンになってもらいやすいツールと言えるでしょう。

タイムラインは、いかに拡散するかがポイントです。

拡散するには、たくさんの人から「いいね」をもらうことが欠かせません。

「いいね」をもらえるようになると、その人の友だちのタイムラインにも表示されるようになり、どんどん拡散されていきますよ。

LINEの活用法　～ステップ配信～

LINEの「ステップ配信」は、集客や販促に強いツール

LINE公式アカウントの有効な機能に、「ステップ配信」があります。

これは、友だち追加したLINEユーザーに対して、あらかじめ用意しておいた内容・タイミン

グ・期間でメッセージを自動配信できる機能です。友だち登録日などを起点として配信できるので、漏れなくメッセージを送信することができます。ただし、配信されたメッセージは、課金対象のメッセージとしてカウントされるので、注意しましょう。

ステップ配信のメッセージは、ＬＩＮＥ公式アカウントのメルマガと比べて到達率、開封率が高く、集客や販促に強いと言われています。

作業が簡略化できる、定期的な配信でファンの獲得につながる、見込み客への価値提供で「教育」ができる、といった点で、活用をおすすめします。

ステップ配信は、１通目が重要

ステップ配信を使って、どのようにメッセージを送っていけばいいでしょうか?

まず、基本に立ち返りましょう。ゴールは、お客様の悩みを解決することです。「誰の」「どんな悩みを解決するか」を考えて、メッセージを組み立てていきましょう。

とくに重要なのは、１通目です。

ここで反応を得られなければ、そのあとにどれだけいいメッセージを送っても、失敗に終わってしまいます。

また、ＬＩＮＥはコミュニケーションが大切なので、質問して個別相談に持ち込むこと、「１人だけに送っている感」を出すことも必要です。

ステップ配信の例

①整体院

・お客様の悩み…身体の痛み

・ゴール…再来店チケット

〈ステップ配信の一例〉

1通目（翌日）：前日のフォローアップ

2通目（5日目）：セルフケア動画

3通目（10日後）：メンテナンスの重要性

4通目（14日後）：再来店、もしくはチケットのオファー

②セミナー講師

・お客様の悩み…LINEの使い方がわからない

・ゴール…オンラインサロン

〈ステップ配信の一例〉

1通目（翌日）：前日のフォローアップ
2通目（5日目）：進捗の確認
3通目（7日後）：ＬＩＮＥの実績表示（メンバーの成果）
4通目（8日後）：グループコンサルの体験会のオファー

③オンラインダイエットトレーナー
・お客様の悩み…ダイエットが続かない
・ゴール…個別指導
〈ステップ配信の一例〉
1通目（翌日）：ダイエットの必要性
2通目（2日目）：ダイエットのやり方①
3通目（3日後）：ダイエットのやり方②
4通目（4日後）：共感
5通目（5日後）：成功者の声
6通目（6日後）：個別相談会の案内

このように、お客様のターゲット層に合わせて、内容を組み立てていきましょう。

「自動化ツール」の活用もおすすめ

ＬＩＮＥ公式アカウントは、リリースされてから日が浅いので、まだまだ発展途上です。

たとえば、

「どこから友だちになったのかがわからない」

といった部分もその１つ。

ＬＩＮＥ公式アカウントはこれからもバージョンアップされていくとは思いますが、もし機能に不足を感じたら、他社がリリースしている「自動化ツール」を活用する方法もあります。

詳しい説明は本書では割愛しますが、最近はこのような相談をいただくことが増えています。

ＬＩＮＥは、今後さらに注目すべきツールになっていくはずですから、情報を取り入れて、ぜひ使いこなせるようにしていきましょう。

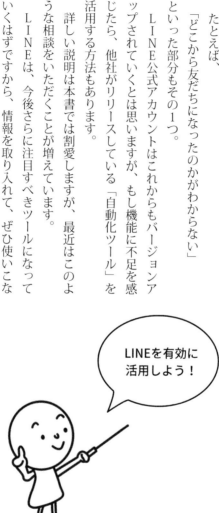

〔図表 12　LINE のステップ配信（メッセージの自動配信機能）〕

ステップ配信のメリット

●漏れなくメッセージを送信可
●開封率が高い
●集客や販促に強い

ファン獲得、顧客教育に効果大!

Point

●1通目が重要
●最終的に個別相談へ持ち込むこと
●「１人だけに送っている感」を出すこと

◎他社がリリースしている
「自動化ツール」の活用もおすすめです!

おわりに

本書を最後までお読みいただいて、ありがとうございます。

オンライン講座は、これから先も大きな可能性を秘めています。

SNSを使っての集客やファンづくりも、今後さらに求められるようになってくるでしょう。

現在はFacebookやInstagram、LINEなどが主流ですが、今後はさらに新しいツールが出てくるかもしれません。

変化が大きな時代だからこそ、1人ひとりが新しく学び続け、考えながらビジネスを行うことが重要になってきています。

本書では、売上を伸ばし、継続していくために必要なマインドとノウハウを詳しくご紹介していますが、その内容を元に、ぜひ自分の頭で考え、実行し、ブラッシュアップを重ねてほしいのです。

オンラインを活用した働き方ができるようになれば、生活スタイルも、生き方も、いままでより柔軟になり、自分の理想に近づけていくことができるはずです。

わたしの体験や経験が、1人でも多くの方の役に立てましたら、これほど嬉しいことはありません。

また、この場を借りて、日頃から活動を支えてくださっている方々、講座に参加してくださる受講生の皆様にも御礼申し上げます。
正しいやり方でコツコツ継続すれば、かならず成果が出ます。
小さなことからでも、小規模なものからでも、ぜひ取り組んでみてください。
あなたの挑戦を、心から応援しています。

いむ先生こと　井無田　峻

著者略歴

いむ先生（いむ　せんせい）

本名：井無田 峻
株式会社 Next R 代表取締役社長
SNS 自動化マーケッター
元プロボクサー・理学療法士
プロボクサーを 12 年、理学療法士 11 年、SNS ビジネスを 7 年経験し、2020 年 10 月にストアカ講師デビュー。ストアカ講師として、開始わずか 47 日で最高ランクであるプラチナバッジを獲得、60 日後には全国講師ランキング 1 位となる（22 週連続）。そのほかにも、教えた人数、講座開催数などでも 1 位を獲得する快挙を達成。講師デビューから 1 年間の総受講者数は約 6,400 名、講座開催数は約 3,000 回、総レビュー数は約 4,600 件にのぼる。
教えるジャンルは、ダイエット、筋トレ、ストレッチ、ファスティング、ボクシングなどのフィットネス系から、ネットビジネス、LINE マーケティング、SNS・ストアカ集客、起業・副業などのビジネス系まで幅広い。
受講者の成果も目覚ましく、ストアカアワード 3 冠を獲得したフィットネスインストラクターをはじめ、数々のストアカアワード受賞者を輩出している。
人生のテーマは、「挑戦」。いまは、SDGs の「2030 年までに達成すべき 17 の目標」の「3. すべての人に健康と福祉を」に貢献すべく、挑戦を続けている。さらに、まわりの人の挑戦も応援したいという想いで、「わたしができることは何でもお手伝いをする」「好きなことを仕事に」をモットーに活躍中。メディア出演も多数。

企画・編集協力　星野友絵・牧内大助（silas consulting）

**ストアカ、LINE、インスタ集客で売れる
オンライン講師になる方法**

2023年 4 月27日　初版発行

著　者　いむ先生　© Imu Sensei

発行人　森　　忠順

発行所　株式会社 セルバ出版
〒 113-0034
東京都文京区湯島 1 丁目 12 番 6 号 高関ビル 5 B
☎ 03（5812）1178　　FAX 03（5812）1188
https://seluba.co.jp/

発　売　株式会社 三省堂書店／創英社
〒 101-0051
東京都千代田区神田神保町 1 丁目 1 番地
☎ 03（3291）2295　　FAX 03（3292）7687

印刷・製本　株式会社 丸井工文社

Printed in JAPAN
ISBN978-4-86367-810-1